MINISTÈRE DES TRAVAUX PUBLICS.

CODE DE LA PÊCHE FLUVIALE.

INSTRUCTION POUR LES GARDES-PÊCHE.

INSTRUCTIONS PRATIQUES

POUR LE REPEUPLEMENT DES COURS D'EAU.

PARIS.

IMPRIMERIE NATIONALE.

—

M DCCC LXXXIV.

CODE DE LA PÊCHE FLUVIALE.

LOI DU 15 AVRIL 1829[1]

TITRE Ier.

DU DROIT DE PÊCHE.

ARTICLE PREMIER. Le droit de pêche sera exercé au profit de l'État :

---

[1] Les abréviations placées à la suite de plusieurs articles de la présente loi ont les significations suivantes :

C. C. Code civil.

I. Cr. Code d'instruction criminelle.

F. Code forestier, loi du 21 mai 1827.

Ch. Code de la chasse, loi du 3 mai 1844.

P. F. Code de la pêche fluviale, loi du 15 avril 1829.

Un décret du 29 avril 1862 a placé dans les attributions du Ministère de l'Agriculture, du Commerce et des Travaux publics la surveillance, la police et l'exploitation de la pêche dans les fleuves et rivières navigables et flottables non compris dans les limites de la pêche maritime, ainsi que la police et la surveillance de la pêche dans les canaux, rivières, ruisseaux et cours d'eau quelconques non navigables ni flottables.

Les changements apportés par la loi du 6 juin 1840 à celle du 15 avril 1829 se trouvent insérés dans le texte de celle-ci.

1.

1° Dans tous les fleuves, rivières, canaux et contre-fossés navigables ou flottables avec bateaux, trains ou radeaux, et dont l'entretien est à la charge de l'État ou de ses ayants cause. *C. C. 538;*

2° Dans les bras, noues, boires et fossés qui tirent leurs eaux des fleuves et rivières navigables ou flottables, dans lesquels on peut en tout temps passer ou pénétrer librement en bateau de pêcheur, et dont l'entretien est également à la charge de l'État.

Sont toutefois exceptés les canaux et fossés existants ou qui seraient creusés dans des propriétés particulières, et entretenus aux frais des propriétaires.

2. Dans toutes les rivières et canaux autres que ceux qui sont désignés dans l'article précédent, les propriétaires riverains auront, chacun de son côté, le droit de pêche jusqu'au milieu du cours de l'eau, sans préjudice des droits contraires établis par possessions ou titres.

3. Des ordonnances royales insérées au *Bulletin des lois* détermineront, après une enquête *de commodo et incommodo,* quelles sont les parties des fleuves et rivières et quels sont les canaux désignés dans les deux premiers paragraphes de l'article 1er où le droit de pêche sera exercé au profit de l'État [1].

---

[1] Une ordonnance du 10 juillet 1835 a déterminé les parties des fleuves et rivières et des canaux navigables ou flottables en trains sur lesquelles la pêche doit être exercée au profit de l'État, conformément aux dispositions des articles 1 et 3 de la présente

De semblables ordonnances fixeront les limites entre la pêche fluviale et la pêche maritime dans les fleuves et rivières affluant à la mer. Ces limites seront les mêmes que celles de l'inscription maritime; mais la pêche qui se fera au-dessus du point où les eaux cesseront d'être salées sera soumise aux règles de police et de conservation établies pour la pêche fluviale [1]. *P. F. 36; Décr. 27 nov. 1859.*

Dans le cas où des cours d'eau seraient rendus ou déclarés navigables ou flottables, les propriétaires qui seront privés du droit de pêche auront droit à une indemnité préalable, qui sera réglée selon les formes prescrites par les articles 16, 17 et 18 de la loi du 8 mars 1810, compensation faite des avantages qu'ils pourraient retirer de la disposition prescrite par le Gouvernement. *P. F. 2.*

---

loi. La 5ᵉ colonne du tableau annexé à cette ordonnance indique le point jusqu'où s'étend l'action de l'inscription maritime.

Diverses modifications ont été apportées à l'ordonnance du 10 juillet 1835 par des ordonnances et décrets insérés au *Bulletin des lois.*

[1] Les limites de la pêche maritime et de la salure des eaux dans les fleuves, rivières et canaux ont été fixées pour les quatre premiers arrondissements maritimes (Cherbourg, Brest, Lorient et Rochefort) par quatre décrets en date du 4 juillet 1853, et pour le cinquième arrondissement maritime (Toulon) par un décret en date du 19 novembre 1859. Ces décrets modifient, sur un grand nombre de points, les indications portées dans la 5ᵉ colonne du tableau annexé à l'ordonnance du 10 juillet 1835.

4. Les contestations entre l'Administration et les adjudicataires relatives à l'interprétation et à l'exécution des conditions des baux et adjudications et toutes celles qui s'élèveraient entre l'Administration ou ses ayants cause et des tiers intéressés, à raison de leurs droits ou de leurs propriétés, seront portées devant les tribunaux.

5. Tout individu qui se livrera à la pêche sur les fleuves et rivières navigables ou flottables, canaux, ruisseaux ou cours d'eau quelconques, sans la permission de celui à qui le droit de pêche appartient, sera condamné à une amende de vingt francs au moins et de cent francs au plus, indépendamment des dommages-intérêts. *P. F. 36, 69 à 72.*

Il y aura lieu, en outre, à la restitution du prix du poisson qui aura été pêché en délit, et la confiscation des filets et engins de pêche pourra être prononcée. *P. F. 41, 73.*

Néanmoins, il est permis à tout individu de pêcher à la ligne flottante, tenue à la main, dans les fleuves, rivières et canaux désignés dans les deux premiers paragraphes de l'article 1er de la présente loi, le temps du frai excepté. *P. F. 26, § 1er.*

TITRE II.

DE L'ADMINISTRATION ET DE LA RÉGIE DE LA PÊCHE.

6. (*3 du Code forestier.*) Nul ne peut exercer l'emploi de garde-pêche, s'il n'est âgé de vingt-cinq ans accomplis.

7. (*5 du Code forestier.*) Les préposés chargés de la surveillance de la pêche ne pourront entrer en fonctions qu'après avoir prêté serment devant le tribunal de première instance de leur résidence, et avoir fait enregistrer leur commission et l'acte de prestation de leur serment au greffe des tribunaux dans le ressort desquels ils devront exercer leurs fonctions.

Dans le cas d'un changement de résidence qui les placerait dans un autre ressort en la même qualité, il n'y aura pas lieu à une nouvelle prestation de serment.

8. Les gardes-pêche pourront être déclarés responsables des délits commis dans leurs cantonnements, et passibles des amendes et indemnités encourues par les délinquants, lorsqu'ils n'auront pas dûment constaté les délits. *F. 6.*

9. L'empreinte des fers dont les gardes-pêche font usage pour la marque des filets sera déposée au greffe des tribunaux de première instance. *F. 7* [1].

TITRE III.

DES ADJUDICATIONS DES CANTONNEMENTS DE PÊCHE [2].

10. (*Loi du 6 juin 1840.*) La pêche au profit de l'État sera exploitée soit par voie d'adjudication publique, soit par concession par licences à prix d'argent.

---

[1] La marque des filets a été abrogée par la loi du 31 mai 1865 (art. 9).

[2] Dispositions relatives à la mise en ferme du droit de pêche dans les fleuves, rivières et canaux navigables et flottables :

— I° DÉCRET DU 29 AVRIL 1862. — ART. 1er. La surveillance,

Le mode de concession par licences ne sera employé que lorsque l'adjudication aura été tentée sans succès.

Toutes les fois que l'adjudication d'un cantonnement de pêche n'aura pu avoir lieu, il sera fait mention, dans le procès-verbal de la séance, des mesures qui auront été prises pour donner toute la publicité possible à la mise en adjudication, et des circonstances qui se seront opposées à la location [1].

---

la police et l'exploitation de la pêche dans les fleuves, rivières et canaux navigables et flottables, non compris dans les limites de la pêche maritime, ainsi que la surveillance et la police dans les canaux, rivières, ruisseaux et cours d'eau quelconques, non navigables ni flottables, sont placées dans les attributions de notre Ministre Secrétaire d'État de l'Agriculture, du Commerce et des Travaux publics, et confiées à l'Administration des Ponts et Chaussées.

— II° DÉCRET DU 25 MARS 1863. — ART. I°°. A partir du 1°° juillet 1863, les fermages de la pêche et de la chasse sur les cours d'eau, les produits de la récolte des francs-bords et les redevances pour prises d'eau et permissions d'usines, seront recouvrés par l'Administration des Contributions indirectes dans les fleuves et rivières navigables et flottables, comme dans les canaux et rivières canalisées.

[1] *Ancien article 10.* — La pêche au profit de l'État sera exploitée, soit par voie d'adjudication publique aux enchères et à l'extinction des feux, conformément aux dispositions du présent titre, soit par concession de licences à prix d'argent.

Le mode de concession par licence ne pourra être employé qu'à défaut d'offres suffisantes.

En conséquence, il sera fait mention, dans les procès-verbaux

11. L'adjudication publique devra être annoncée au moins quinze jours à l'avance par des affiches apposées dans le chef-lieu du département, dans les communes riveraines du cantonnement et dans les communes environnantes. *F. 17.*

12. (*18 du Code forestier.*) Toute location faite autrement que par adjudication publique sera considérée comme clandestine et déclarée nulle. Les fonctionnaires et agents qui l'auraient ordonnée ou effectuée seront condamnés solidairement à une amende égale au double du fermage annuel du cantonnement de pêche.

Sont exceptées les concessions par voie de licence.

13. (*19 du Code forestier.*) Sera de même annulée toute adjudication qui n'aura point été précédée des publications et affiches prescrites par l'article 11, ou qui aura été effectuée dans d'autres lieux, à autres jour et heure que ceux qui auront été indiqués par les affiches ou les procès-verbaux de remise en location.

Les fonctionnaires ou agents qui auraient contrevenu à ces dispositions seront condamnés solidairement à une amende égale à la valeur annuelle du cantonnement de pêche, et une amende pareille sera prononcée contre les adjudicataires en cas de complicité.

---

d'adjudication, des mesures qui auront été prises pour leur donner toute la publicité possible et des offres qui auront été faites.

14. (*Loi du 6 juin 1840.*) Toutes les contestations qui pourront s'élever pendant les opérations d'adjudication, soit sur la validité desdites opérations, soit sur la solvabilité de ceux qui auront fait des offres et de leurs cautions, seront décidées immédiatement par le fonctionnaire qui présidera la séance d'adjudication [1]. *F. 20.*

15. (*21 du Code forestier.*) Ne pourront prendre part aux adjudications, ni par eux-mêmes, ni par personnes interposées, directement ou indirectement, soit comme parties principales, soit comme associés ou cautions :

1° Les agents et gardes forestiers et les gardes-pêche, dans toute l'étendue du royaume; les fonctionnaires chargés de présider ou de concourir aux adjudications et les receveurs du produit de la pêche, dans toute l'étendue du territoire où ils exercent leurs fonctions.

En cas de contravention, ils seront punis d'une amende qui ne pourra excéder le quart ni être moindre du douzième du montant de l'adjudication, et ils seront, en outre, passibles de l'emprisonnement et de l'interdiction qui sont prononcés par l'article 175 du Code pénal;

2° Les parents et alliés en ligne directe, les frères et beaux-frères, oncles et neveux des agents et gardes fo-

---

[1] *Ancien article 14.* — Toutes les contestations qui pourront s'élever, pendant les opérations d'adjudication, sur la validité des enchères ou sur la solvabilité des enchérisseurs et des cautions, seront décidées immédiatement par le fonctionnaire qui présidera la séance d'adjudication.

restiers et gardes-pêche, dans toute l'étendue du territoire pour lequel ces agents ou gardes sont commissionnés.

En cas de contravention, ils seront punis d'une
amende égale à celle qui est prononcée par le paragraphe précédent;

3° Les conseillers de préfecture, les juges, officiers du
ministère public et greffiers des tribunaux de première
instance, dans tout l'arrondissement de leur ressort.

En cas de contravention, ils seront passibles de tous
dommages-intérêts, s'il y a lieu.

Toute adjudication qui sera faite en contravention
aux dispositions du présent article sera déclarée nulle.

16. (*Loi du 6 juin 1840.*) Toute association secrète,
toute manœuvre entre les pêcheurs ou autres, tendant
à nuire aux adjudications, à les troubler ou à obtenir
les cantonnements de pêche à plus bas prix, donnera
lieu à l'application des peines portées par l'article 412
du Code pénal, indépendamment de tous dommages-
intérêts, et si l'adjudication a été faite au profit de l'association secrète ou des auteurs desdites manœuvres,
elle sera déclarée nulle[1]. *F. 22.*

---

[1] *Ancien article 16.* — Toute association secrète ou manœuvre
entre les pêcheurs ou autres, tendant à nuire aux enchères, à
les troubler ou à obtenir les cantonnements de pêche à plus bas
prix, donnera lieu à l'application des peines portées par l'article 412 du Code pénal, indépendamment de tous dommages-
intérêts; et si l'adjudication a été faite au profit de l'association

17. (*23 du Code forestier.*) Aucune déclaration de command ne sera admise, si elle n'est faite immédiatement après l'adjudication et séance tenante.

18. (*24 du Code forestier.*) Faute par l'adjudicataire de fournir les cautions exigées par le cahier des charges dans le délai prescrit, il sera déclaré déchu de l'adjudication par un arrêté du préfet, et il sera procédé, dans les formes ci-dessus prescrites, à une nouvelle adjudication du cantonnement de pêche, à sa folle enchère.

L'adjudicataire déchu sera tenu, par corps, de la différence entre son prix et celui de la nouvelle adjudication sans pouvoir réclamer l'excédent, s'il y en a.

19. (*Loi du 6 juin 1840.*) Toute adjudication sera définitive du moment où elle sera prononcée, sans que, dans aucun cas, il puisse y avoir lieu à surenchère [1]. F. 25.

---

secrète ou des auteurs desdites manœuvres, elle sera déclarée nulle.

[1] *Ancien article 19.* — Toute personne capable et reconnue solvable sera admise, jusqu'à l'heure de midi du lendemain de l'adjudication, à faire une offre de surenchère, qui ne pourra être moindre du cinquième du montant de l'adjudication.

Dès qu'une pareille offre aura été faite, l'adjudicataire et les surenchérisseurs pourront faire de semblables déclarations de simple surenchère jusqu'à l'heure de midi du surlendemain de l'adjudication, heure à laquelle le plus offrant restera définitivement adjudicataire.

Toutes déclarations de surenchère devront être faites au secrétariat qui sera indiqué par le cahier des charges, et dans les délais ci-dessus fixés; le tout sous peine de nullité.

20. (*Loi du 6 juin 1840.*) Les divers modes d'adjudication seront déterminés par une ordonnance royale[1].

Les adjudications auront toujours lieu avec publicité et concurrence[2]. *F. 26.*

21. (*Loi du 6 juin 1840.*) Les adjudicataires seront tenus d'élire domicile dans le lieu où l'adjudication aura été faite ; à défaut de quoi, tous actes postérieurs leur

---

Le secrétaire commis à l'effet de recevoir ces déclarations sera tenu de les consigner immédiatement sur un registre à ce destiné, d'y faire mention expresse du jour et de l'heure précise où il les aura reçues, et d'en donner communication à l'adjudicataire et aux surenchérisseurs, dès qu'il en sera requis ; le tout sous peine de trois cents francs d'amende, sans préjudice de plus fortes peines en cas de collusion.

En conséquence, il n'y aura lieu à aucune signification des déclarations de surenchère, soit par l'Administration, soit par les adjudicataires et surenchérisseurs.

[1] ORDONNANCE DU 28 OCTOBRE 1840. — ART. 1er. A l'avenir les adjudications du droit de pêche à exercer, au profit de l'État, dans les fleuves, rivières et cours d'eau navigables et flottables, pourront se faire par adjudications au rabais ou par adjudications aux enchères et à l'extinction des feux.

2. Lorsque l'adjudication publique aura été tentée sans succès, l'exercice du droit de pêche pourra être concédé par licence à prix d'argent, sur l'autorisation du directeur général des Forêts.

[2] *Ancien article 20.* — Toutes contestations au sujet de la validité des surenchères seront portées devant les conseils de préfecture.

seront valablement signifiés au secrétariat de la sous-préfecture [1]. *F. 27.*

22. (*28 du Code forestier.*) Tout procès-verbal d'adjudication emporte exécution parée et contrainte par corps contre les adjudicataires, leurs associés et cautions, tant pour le payement du prix principal de l'adjudication que pour accessoires et frais.

Les cautions sont en outre contraignables solidairement et par les mêmes voies au payement des dommages, restitutions et amendes qu'aurait encourus l'adjudicataire.

TITRE IV.

CONSERVATION ET POLICE DE LA PÊCHE.

23. Nul ne pourra exercer le droit de pêche dans les fleuves et rivières navigables ou flottables, les canaux, ruisseaux ou cours d'eau quelconques, qu'en se conformant aux dispositions suivantes.

24. Il est interdit de placer dans les rivières navigables ou flottables, canaux et ruisseaux, aucun barrage, appareil ou établissement quelconque de pêcherie ayant pour objet d'empêcher entièrement le passage du poisson.

---

[2] *Ancien article 21.* — Les adjudicataires et surenchérisseurs sont tenus, au moment de l'adjudication ou de leurs déclarations de surenchère, d'élire domicile dans le lieu où l'adjudication aura été faite : faute par eux de le faire, tous actes postérieurs leur seront valablement signifiés au secrétariat de la sous-préfecture.

Les délinquants seront condamnés à une amende de cinquante francs à cinq cents francs, et, en outre, aux dommages-intérêts; et les appareils ou établissements de pêche seront saisis et détruits. *P. F. 69 et s.*

25. Quiconque aura jeté dans les eaux des drogues ou appâts qui sont de nature à enivrer le poisson ou à le détruire sera puni d'une amende de trente francs à trois cents francs, et d'un emprisonnement d'un mois à trois mois. *P. F. 69 et s; Ch. 12, 5°.*

26. Des ordonnances royales [1] détermineront :

1° Les temps, saisons et heures pendant lesquels la pêche sera interdite dans les rivières et cours d'eau quelconques. *P. F. 27;*

2° Les procédés et modes de pêche qui, étant de nature à nuire au repeuplement des rivières, devront être prohibés. *P. F. 28;*

3° Les filets, engins et instruments de pêche qui seront défendus comme étant aussi de nature à nuire au repeuplement des rivières. *P. F. 28;*

4° Les dimensions de ceux dont l'usage sera permis dans les divers départements pour la pêche des différentes espèces de poissons. *P. F. 29;*

---

[1] Le vœu de la loi a été rempli d'abord par une ordonnance du 15 novembre 1830, puis par un décret du 25 janvier 1868, qui a abrogé les ordonnances et décrets antérieurs relatifs au même objet. Le décret du 25 janvier 1868 a été, à son tour, abrogé par un décret du 10 août 1875, qu'est venu modifier celui du 18 mai 1878. (Voir ci-après, pages 53 et 83.)

5° Les dimensions au-dessous desquelles les poissons de certaines espèces qui seront désignées ne pourront être pêchés et devront être rejetés en rivière. *P. F. 30;*

6° Les espèces de poissons avec lesquelles il sera défendu d'appâter les hameçons, nasses, filets ou autres engins. *P. F. 31.*

27. Quiconque se livrera à la pêche pendant les temps, saisons et heures prohibés par les ordonnances, sera puni d'une amende de trente à deux cents francs. *P. F. 26, § 1er, 69 et s.*

28. Une amende de trente à cent francs sera prononcée contre ceux qui feront usage, en quelque temps et en quelque fleuve, rivière, canal ou ruisseau que ce soit, de l'un des procédés ou modes de pêche ou de l'un des instruments ou engins de pêche prohibés par les ordonnances. *P. F. 26, § 2 et 3, 69 et s.*

Si le délit a eu lieu pendant le temps du frai, l'amende sera de soixante à deux cents francs. *P. F. 26, § 1er, 69 et s.*

29. Les mêmes peines seront prononcées contre ceux qui se serviront, pour une autre pêche, de filets permis seulement pour celle du poisson de petite espèce. *P. F. 26, § 4, 69 et s.*

Ceux qui seront trouvés porteurs ou munis, hors de leur domicile, d'engins ou d'instruments de pêche prohibés pourront être condamnés à une amende qui n'excédera pas vingt francs, et à la confiscation des engins ou instruments de pêche, à moins que ces engins ou instruments ne soient destinés à la pêche dans les étangs ou réservoirs. *P. F. 39; Ch. 12 n° 3.*

30. Quiconque pêchera, colportera ou débitera des poissons qui n'auront point les dimensions déterminées par les ordonnances, sera puni d'une amende de vingt à cinquante francs, et de la confiscation desdits poissons. *P. F. 26, § 5, 69 et s.*

Sont néanmoins exceptées de cette disposition les ventes de poisson provenant des étangs ou réservoirs [1].

Sont considérés comme des étangs ou réservoirs les fossés et canaux appartenant à des particuliers, dès que leurs eaux cessent naturellement de communiquer avec les rivières.

31. La même peine sera prononcée contre les pêcheurs qui appâteront leurs hameçons, nasses, filets ou autres engins avec des poissons des espèces prohibées qui seront désignées par les ordonnances. *P. F. 26, § 6, 69 et s.*

32. Les fermiers de la pêche et porteurs de licences,

---

[1] Le poisson saisi dans un marché comme n'ayant pas les dimensions prescrites par les règlements doit être considéré comme poisson de rivière, à moins que le prévenu ne prouve qu'il provient d'étangs ou de réservoirs. (Arrêt de cassation, du 13 juin 1833.)

Le décret du 10 août 1875, article 4, dispose que quiconque, pendant la période d'interdiction de la pêche, transportera ou débitera des poissons provenant des étangs ou réservoirs sera tenu de justifier de l'origine de ces poissons.

leurs associés, compagnons et gens à gages ne pourront faire usage d'aucun filet ou engin quelconque, qu'après qu'il aura été plombé ou marqué par les agents de l'Administration de la police de la pêche.

La même obligation s'étendra à tous autres pêcheurs compris dans les limites de l'inscription maritime, pour les engins et filets dont ils feront usage dans les cours d'eau désignés par les paragraphes 1 et 2 de l'article 1er de la présente loi.

Les délinquants seront punis d'une amende de vingt francs pour chaque filet ou engin non plombé ou marqué [1] *P. F. 9, 39.*

33. Les contremaîtres, les employés du balisage et les mariniers qui fréquentent les fleuves, rivières et canaux navigables ou flottables, ne pourront avoir dans leurs bateaux ou équipages aucun filet ou engin de pêche, même non prohibé, sous peine d'une amende de cinquante francs, et de la confiscation des filets.

A cet effet, ils seront tenus de souffrir la visite, sur leurs bateaux et équipages, des agents chargés de la police de la pêche, aux lieux où ils aborderont.

---

[1] L'article 9 de la loi du 31 mai 1865 abroge les dispositions relatives à la marque et au plombage des filets, et il spécifie que des décrets détermineront le mode de vérification de la dimension des mailles des filets autorisés.

Un décret du 26 août 1865 a satisfait à cette prescription. (Voir ci-après la loi du 31 mai 1865 et le décret du 26 août 1865.)

La même amende sera prononcée contre ceux qui s'opposeront à cette visite. *P. F. 39, 69 et s.*

34. Les fermiers de la pêche et les porteurs de licences, et tous pêcheurs en général, dans les rivières et canaux désignés par les deux premiers paragraphes de l'article 1ᵉʳ de la présente loi, seront tenus d'amener leurs bateaux, et de faire l'ouverture de leurs loges et hangars, bannetons, huches et autres réservoirs ou boutiques à poisson, sur leurs cantonnements, à toute réquisition des agents et préposés de l'Administration de la pêche, à l'effet de constater les contraventions qui pourraient être par eux commises aux dispositions de la présente loi.

Ceux qui s'opposeront à la visite ou refuseront l'ouverture de leurs boutiques à poisson seront, pour ce seul fait, punis d'une amende de cinquante francs. *P. F. 33, 69 et s.*

35. Les fermiers et porteurs de licences ne pourront user, sur les fleuves, rivières et canaux navigables, que du chemin de halage ; sur les rivières et cours d'eau flottables, que du marchepied. Ils traiteront de gré à gré avec les propriétaires riverains pour l'usage des terrains dont ils auront besoin pour retirer et asséner leurs filets, [1].

---

[1] ORDONNANCE DE 1669. (TITRE XXVIII.) — ART. 7. Les propriétaires des héritages aboutissant aux rivières navigables laisseront le long des bords vingt-quatre pieds au moins de place en

TITRE V.

DES POURSUITES EN RÉPARATION DE DÉLITS.

SECTION Iʳᵉ.

DES POURSUITES EXERCÉES AU NOM DE L'ADMINISTRATION.

36. Le Gouvernement exerce la surveillance et la police de la pêche dans l'intérêt général.

En conséquence, les agents spéciaux par lui institués à cet effet, ainsi que les gardes champêtres, éclusiers des canaux et autres officiers de police judiciaire, sont tenus de constater les délits qui sont spécifiés au titre IV de la présente loi, en quelques lieux qu'ils soient commis ; et lesdits agents spéciaux exerceront, conjointement avec les officiers du ministère public, toutes les poursuites et actions en réparation de ces délits [1].

---

largeur pour chemin royal et trait des chevaux, sans qu'ils puissent planter arbres ni tenir clôture ou haye plus près que trente pieds du côté que les bateaux se tirent, et dix pieds de l'autre bord, à peine de cinq cents livres d'amende, confiscation des arbres et d'être les contrevenants contraints à réparer et remettre les chemins en état à leurs frais.

[1] DÉCRET DU 27 NOVEMBRE 1859. — ART. Iᵉʳ. Dans la partie des fleuves, rivières et canaux comprise entre les limites de l'inscription maritime et le point où cesse la salure des eaux, les infractions à la loi du 15 avril 1829 sur la pêche fluviale, ou aux règlements rendus en exécution de cette loi, seront recherchées

Les mêmes agents et gardes de l'Administration, les gardes champêtres, les éclusiers, les officiers de police judiciaire, pourront constater également le délit spécifié en l'article 5, et ils transmettront leurs procès-verbaux au procureur du Roi. *F. 159; Ch. 26.*

37. Les gardes-pêche nommés par l'Administration sont assimilés aux gardes forestiers royaux. *F. 160; O. 24 et s.*

38. Ils recherchent et constatent par procès-verbaux les délits dans l'arrondissement du tribunal près duquel ils sont assermentés. *F. 160; P. F. 65.*

39. (*161 du Code forestier.*) Ils sont autorisés à saisir les filets et autres instruments de pêche prohibés, ainsi que le poisson pêché en délit.

40. Les gardes-pêche ne pourront, sous aucun prétexte, s'introduire dans les maisons et enclos y attenant pour la recherche des filets prohibés.

41. Les filets et engins de pêche qui auront été sai-

---

et constatées, concurremment avec les officiers de police judiciaire et autres agents institués à cet effet, par les syndics des gens de mer, gardes maritimes et gendarmes de la marine.

Ces agents transmettront leurs procès-verbaux au procureur impérial.

L'article 10 de la loi du 31 mai 1865 a désigné les agents des Douanes et les employés des Contributions indirectes et des Octrois pour concourir, avec ceux mentionnés dans l'article 36 de la loi du 15 avril 1829, à la recherche et à la constatation des délits.

sis comme prohibés ne pourront, dans aucun cas, être remis sous caution. Ils seront déposés au greffe et y demeureront jusqu'à après le jugement, pour être ensuite détruits.

Les filets non prohibés, dont la confiscation aurait été prononcée en exécution de l'article 5, seront vendus au profit du Trésor.

En cas de refus, de la part des délinquants, de remettre immédiatement le filet déclaré prohibé après la sommation du garde-pêche, ils seront condamnés à une amende de cinquante francs. *Ch. 16.*

42. Quant au poisson saisi pour cause de délit, il sera vendu sans délai dans la commune la plus voisine du lieu de la saisie, à son de trompe et aux enchères publiques, en vertu d'ordonnance du juge de paix ou d'un de ses suppléants, si la vente a lieu dans un chef-lieu de canton, ou, dans le cas contraire, d'après l'autorisation du maire de la commune : ces ordonnances ou autorisations seront délivrées sur la requête des agents ou gardes qui auront opéré la saisie, et sur la présentation du procès-verbal régulièrement dressé et affirmé par eux. *Ch. 4.*

Dans tous les cas, la vente aura lieu en présence du receveur des Domaines, et, à défaut, du maire ou adjoint de la commune, ou du commissaire de police [1]. *F. 169.*

43. Les gardes-pêche ont le droit de requérir directement la force publique pour la répression des délits

en matière de pêche, ainsi que pour la saisie des filets prohibés et du poisson pêché en délit. *F. 164; P F. 39.*

44. (*165 du Code forestier.*) Ils écriront eux-mêmes leurs procès-verbaux; ils les signeront, et les affirmeront, au plus tard le lendemain de la clôture desdits procès-verbaux, par-devant le juge de paix du canton ou l'un de ses suppléants, ou par-devant le maire ou l'adjoint, soit de la commune de leur résidence, soit de celle où le délit a été commis ou constaté; le tout sous peine de nullité. *Ch. 24.*

Toutefois, si par suite d'un empêchement quelconque, le procès-verbal est seulement signé par le garde-pêche, mais non écrit en entier de sa main, l'officier public qui en recevra l'affirmation devra lui en donner préalablement lecture, et faire ensuite mention de cette formalité; le tout sous peine de nullité du procès-verbal.

45. (*166 du Code forestier.*) Les procès-verbaux dressés par les agents forestiers, les gardes généraux et les gardes à cheval, soit isolément, soit avec le concours des gardes-pêche royaux et des gardes champêtres, ne seront pas soumis à l'affirmation.

46. Dans le cas où le procès-verbal portera saisie,

[1] Les poissons saisis et vendus aux enchères ne pourront pas être exposés de nouveau en vente. (Décret du 10 août 1875, art. 5.

il en sera fait une expédition qui sera déposée dans les vingt-quatre heures au greffe de la justice de paix, pour qu'il en puisse être donné communication à ceux qui réclameraient les objets saisis. *F. 168.*

Le délai ne courra que du moment de l'affirmation pour les procès-verbaux qui sont soumis à cette formalité. *P. F. 5, 28, 30, 31, 33, 39.*

47. (*170 du Code forestier.*) Les procès-verbaux seront, sous peine de nullité, enregistrés dans les quatre jours qui suivront celui de l'affirmation, ou celui de la clôture du procès-verbal, s'il n'est pas sujet à l'affirmation.

L'enregistrement s'en fera en débet.

48. Toutes les poursuites exercées en réparation de délits pour fait de pêche seront portées devant les tribunaux correctionnels. *F. 171.*

49. (*172 du Code forestier.*) L'acte de citation doit, à peine de nullité, contenir la copie du procès-verbal et de l'acte d'affirmation.

50. (*173 du Code forestier.*) Les gardes de l'Administration chargés de la surveillance de la pêche pourront, dans les actions et poursuites exercées en son nom, faire toutes citations ou significations d'exploits, sans pouvoir procéder aux saisies-exécutions.

Leurs rétributions pour les actes de ce genre seront taxées comme pour les actes faits par les huissiers des juges de paix.

51. (*174 du Code forestier.*) Les agents de cette Ad-

ministration ont le droit d'exposer l'affaire devant le tribunal, et sont entendus à l'appui de leurs conclusions [1].

52. Les délits en matière de pêche seront prouvés, soit par procès-verbaux, soit par témoins, à défaut de procès-verbaux ou en cas d'insuffisance de ces actes. *F. 175; Ch. 21.*

53. Les procès-verbaux revêtus de toutes les formalités prescrites par les articles 44 et 47 ci-dessus, et qui sont dressés et signés par deux agents ou gardes-pêche, font preuve, jusqu'à inscription de faux, des faits matériels relatifs aux délits qu'ils constatent, quelles que soient les condamnations auxquelles ces délits peuvent donner lieu.

Il ne sera, en conséquence, admis aucune preuve outre ou contre le contenu de ces procès-verbaux, à moins qu'il n'existe une cause légale de récusation contre l'un des signataires. *P. F. 66; F. 176, 188; Ch. 22 et s.*

54. Les procès-verbaux, revêtus de toutes les formalités prescrites, mais qui ne seront dressés et signés que par un seul agent ou garde-pêche, feront de même preuve suffisante jusqu'à inscription de faux, mais seulement lorsque le délit n'entraînera pas une condam-

---

[1] Voir la circulaire ministérielle du 3 novembre 1865 en ce qui concerne l'intervention des ingénieurs et des agents des Ponts et Chaussées devant les tribunaux.

nation de plus de cinquante francs, tant pour amende que pour dommages-intérêts. *F. 177.*

55. (*178 du Code forestier.*) Les procès-verbaux qui, d'après les dispositions qui précèdent, ne font point foi et preuve suffisante jusqu'à inscription de faux, peuvent être corroborés et combattus par toutes les preuves légales, conformément à l'article 154 du Code d'instruction criminelle. *P. F. 66; Ch. 22, 23.*

56. Le prévenu qui voudra s'inscrire en faux contre le procès-verbal sera tenu d'en faire, par écrit et en personne, ou par un fondé de pouvoir spécial par acte notarié, la déclaration au greffe du tribunal, avant l'audience indiquée par la citation.

Cette déclaration sera reçue par le greffier du tribunal; elle sera signée par le prévenu ou son fondé de pouvoir; et, dans le cas où il ne saurait ou ne pourrait signer, il en sera fait mention expresse.

Au jour indiqué pour l'audience, le tribunal donnera acte de la déclaration, et fixera un délai de huit jours au moins et de quinze jours au plus, pendant lequel le prévenu sera tenu de faire au greffe le dépôt des moyens de faux, et des noms, qualités et demeures des témoins qu'il voudra faire entendre.

A l'expiration de ce délai, et sans qu'il soit besoin d'une citation nouvelle, le tribunal admettra les moyens de faux, s'ils sont de nature à détruire l'effet du procès-verbal, et il sera procédé sur le faux conformément aux lois.

Dans le cas contraire, et faute par le prévenu d'avoir rempli toutes les formalités ci-dessus prescrites, le tribunal déclarera qu'il n'y a lieu à admettre les moyens de faux, et ordonnera qu'il soit passé outre au jugement. *F. 179.*

57. (*180 du Code forestier.*) Le prévenu contre lequel aura été rendu un jugement par défaut sera encore admissible à faire sa déclaration d'inscription de faux pendant le délai qui lui est accordé par la loi pour se présenter à l'audience sur l'opposition par lui formée.

58. (*181 du Code forestier.*) Lorsqu'un procès-verbal sera rédigé contre plusieurs prévenus, et qu'un ou quelques-uns d'entre eux seulement s'inscriront en faux, le procès-verbal continuera à faire foi à l'égard des autres, à moins que le fait sur lequel portera l'inscription de faux ne soit indivisible et commun aux autres prévenus.

59. Si, dans une instance en réparation de délits, le prévenu excipe d'un droit de propriété ou tout autre droit réel, le tribunal saisi de la plainte statuera sur l'incident.

L'exception préjudicielle ne sera admise qu'autant qu'elle sera fondée, soit sur un titre apparent, soit sur des faits de possession équivalents, articulés avec précision, et si le titre produit ou les faits articulés sont de nature, dans le cas où ils seraient reconnus par l'autorité compétente, à ôter au fait qui sert de base aux poursuites tout caractère de délit.

Dans le cas de renvoi à fins civiles, le jugement fixera un bref délai, dans lequel la partie qui aura élevé la question préjudicielle devra saisir les juges compétents de la connaissance du litige et justifier de ses diligences ; sinon il sera passé outre. Toutefois, en cas de condamnation, il sera sursis à l'exécution du jugement sous le rapport de l'emprisonnement, s'il était prononcé, et le montant des amendes, restitutions et dommages-intérêts sera versé à la Caisse des Dépôts et Consignations, pour être remis à qui il sera ordonné par le tribunal qui statuera sur le fond du droit. *F. 182.*

60. (*183 du Code forestier.*) Les agents de l'Administration chargés de la surveillance de la pêche peuvent, en son nom, interjeter appel des jugements et se pourvoir contre les arrêts et jugements en dernier ressort; mais ils ne peuvent se désister de leurs appels sans son autorisation spéciale.

61. (*184 du Code forestier.*) Le droit attribué à l'Administration et à ses agents de se pourvoir contre les jugements et arrêts par appel ou par recours en cassation est indépendant de la même faculté qui est accordée par la loi au ministère public, lequel peut toujours en user, même lorsque l'Administration ou ses agents auraient acquiescé aux jugements et arrêts.

62. Les actions en réparation de délits en matière de pêche se prescrivent par un mois à compter du jour où les délits ont été constatés, lorsque les prévenus sont désignés dans les procès-verbaux. Dans le cas contraire,

le délai de prescription est de trois mois, à compter du même jour. *F. 185; Ch. 29.*

63. Les dispositions de l'article précédent ne sont pas applicables aux délits et malversations commis par les agents, préposés ou gardes de l'Administration dans l'exercice de leurs fonctions; les délais de prescription à l'égard de ces préposés et de leurs complices seront les mêmes que ceux qui sont déterminés par le Code d'instruction criminelle. *F. 186.*

64. Les dispositions du Code d'instruction criminelle sur les poursuites des délits, sur défauts, oppositions, jugements, appels et recours en cassation, sont et demeurent applicables à la poursuite des délits spécifiés par la présente loi, sauf les modifications qui résultent du présent titre. *F. 187; I. Cr. 130, 137, 146, 150, 153, 172, 179, 184, 186, 190, 199, 216, 413.*

SECTION II.

DES POURSUITES EXERCÉES AU NOM ET DANS L'INTÉRÊT DES FERMIERS DE LA PÊCHE ET DES PARTICULIERS.

65. Les délits qui portent préjudice aux fermiers de la pêche, aux porteurs de licences et aux propriétaires riverains seront constatés par leurs gardes, lesquels sont assimilés aux gardes-bois des particuliers. *P. F. 38; F. 188.*

66. (*188 du Code forestier.*) Les procès-verbaux dressés par ces gardes feront foi jusqu'à preuve contraire. *P. F. 53 et s; F. 188; Ch. 22.*

67. Les poursuites et actions seront exercées au nom et à la diligence des parties intéressées. *F. 190; Ch. 26; I. Cr. 182.*

68. Les dispositions contenues aux articles 38, 39, 40, 41, 42, 43, 44, 45, 46, 47, § 1ᵉʳ; 49, 52, 59, 62 et 64 de la présente loi sont applicables aux poursuites exercées au nom et dans l'intréêt des particuliers et des fermiers de la pêche, pour les délits commis à leur préjudice. *F. 189.*

TITRE VI.

DES PEINES ET CONDAMNATIONS.

69. Dans le cas de récidive, la peine sera toujours doublée. *P. F. 5, 24, 25, 27 à 34, 79, § 4.*

Il y a récidive, lorsque, dans les douze mois précédents, il a été rendu contre le délinquant un premier jugement pour délit en matière de pêche. *F. 201; Ch. 14, 15.*

70. Les peines seront également doublées, lorsque les délits auront été commis la nuit. *F. 201; Ch. 12, § 2.*

71. (*202 du Code forestier.*) Dans tous les cas où il y aura lieu à adjuger des dommages-intérêts, ils ne pourront être inférieurs à l'amende simple prononcée par le jugement.

72. Dans tous les cas prévus par la présente loi, si le préjudice causé n'excède pas 25 francs, et si les cir-

constances paraissent atténuantes, les tribunaux sont autorisés à réduire l'emprisonnement même au-dessous de six jours, et l'amende même au-dessous de 16 francs; ils pourront aussi prononcer séparément l'une ou l'autre de ces peines, sans qu'en aucun cas elle puisse être au-dessous des peines de simple police. *F. 203; Ch. 20; C. P. 463.*

73. (*204 du Code forestier.*) Les restitutions et dommages-intérêts appartiennent aux fermiers, porteurs de licences et propriétaires riverains, si le délit est commis à leur préjudice; mais lorsque le délit a été commis par eux-mêmes au détriment de l'intérêt général, ces dommages-intérêts appartiennent à l'État.

Appartiennent également à l'État toutes les amendes et confiscations. *Ch. 19.*

74. Les maris, pères, mères, tuteurs, fermiers et porteurs de licences, ainsi que tous propriétaires, maîtres et commettants seront civilement responsables des délits en matière de pêche commis par leurs femmes, enfants mineurs, pupilles, bateliers et compagnons, et tous autres subordonnés, sauf tout recours de droit.

Cette responsabilité sera réglée conformément à l'article 1384 du Code civil [1]. *F. 206; Ch. 28.*

---

[1]. Code civil. — Art. 1384. On est responsable non seulement du dommage que l'on cause par son propre fait, mais encore de celui qui est causé par le fait des personnes dont on doit répondre, ou des choses que l'on a sous sa garde.

Le père, et la mère après le décès du mari, sont responsables

TITRE VII.

DE L'EXÉCUTION DES JUGEMENTS.

SECTION Iʳᵉ.

DE L'EXÉCUTION DES JUGEMENTS RENDUS À LA REQUÊTE
DE L'ADMINISTRATION OU DU MINISTÈRE PUBLIC.

75. (*209 du Code forestier.*) Les jugements rendus à la requête de l'Administration chargée de la police de la pêche, ou sur la poursuite du ministère public, seront signifiés par simple extrait, qui contiendra le nom des parties et le dispositif du jugement.

Cette signification fera courir les délais de l'opposition et de l'appel des jugements par défaut.

76. Le recouvrement de toutes les amendes pour délits de pêche est confié aux receveurs de l'Enregistrement et des Domaines.

---

du dommage causé par leurs enfants mineurs habitant avec eux;

Les maîtres et commettants, du dommage causé par leurs domestiques et préposés dans les fonctions auxquelles ils les ont employés;

Les instituteurs et les artisans, du dommage causé par leurs élèves et apprentis pendant le temps qu'ils sont sous leur surveillance.

La responsabilité ci-dessus a lieu, à moins que les père et mère, instituteurs et artisans ne prouvent qu'ils n'ont pu empêcher le fait qui donne lieu à cette responsabilité.

Ces receveurs sont également chargés du recouvrement des restitutions, frais et dommages-intérêts résultant des jugements rendus en matière de pêche. *F. 210;
P. F. 81.*

77. (*211 du Code forestier.*) Les jugements portant
condamnation à des amendes, restitutions, dommages-
intérêts et frais sont exécutoires par la voie de la contrainte par corps, et l'exécution pourra en être poursuivie cinq jours après un simple commandement fait
aux condamnés.

En conséquence, et sur la demande du receveur de
l'Enregistrement et des Domaines, le procureur du Roi
adressera les réquisitions nécessaires aux agents de la
force publique chargés de l'exécution des mandements
de justice.

78. (*212 du Code forestier.*) Les individus contre
lesquels la contrainte par corps aura été prononcée pour
raison des amendes et autres condamnations et réparations pécuniaires subiront l'effet de cette contrainte
jusqu'à ce qu'ils aient payé le montant desdites condamnations, ou fourni une caution admise par le receveur
des Domaines, ou, en cas de contestation de sa part,
déclarée bonne et valable par le tribunal de l'arrondissement.

79. (*213 du Code forestier.*) Néanmoins les condamnés
qui justifieront de leur insolvabilité, suivant le mode
prescrit par l'article 420 du Code d'instruction criminelle, seront mis en liberté après avoir subi quinze

3

jours de détention, lorsque l'amende et les autres condamnations pécuniaires n'excéderont pas quinze francs.

La détention ne cessera qu'au bout d'un mois, lorsque
les condamnations s'élèveront ensemble de quinze à
cinquante francs.

Elle ne durera que deux mois, quelle que soit la
qnotité desdites condamnations.

En cas de récidive, la durée de la détention sera
double de ce qu'elle eût été sans cette circonstance.

80. (*214 du Code forestier.*) Dans tous les cas, la détention employée comme moyen de contrainte est in-
dépendante de la peine d'emprisonnement prononcée
contre les condamnés, pour tous les cas où la loi
l'inflige.

SECTION II.

DE L'EXÉCUTION DES JUGEMENTS RENDUS DANS L'INTÉRÊT DES FERMIERS DE LA PÊCHE ET DES PARTICULIERS.

81. Les jugements contenant des condamnations en
faveur des fermiers de la pêche, des porteurs de licences et des particuliers, pour réparation des délits
commis à leur préjudice, seront, à leur diligence, signifiés et exécutés suivant les mêmes formes et voies de
contrainte que les jugements rendus à la requête de
l'Administration chargée de la surveillance de la pêche.

Le recouvrement des amendes prononcées par les
mêmes jugements sera opéré par les receveurs de l'Enregistrement et des Domaines. *P F. 76; F. 215.*

82. La mise en liberté des condamnés détenus par

voie de contrainte par corps, à la requête et dans l'intérêt des particuliers, ne pourra être accordée, en vertu des articles 78 et 79, qu'autant que la validité des cautions ou la solvabilité des condamnés aura été, en cas de contestation de la part desdits propriétaires, jugée contradictoirement entre eux. *F. 217.*

TITRE VIII.

DISPOSITIONS GÉNÉRALES.

83. Sont et demeurent abrogés toutes lois, ordonnances, édits et déclarations, arrêts du Conseil, arrêtés et décrets, et tous règlements intervenus, à quelque époque que ce soit, sur les matières réglées par la présente loi, en tout ce qui concerne la pêche.

Mais les droits acquis antérieurement à la présente loi seront jugés, en cas de contestation, d'après les lois existantes avant sa promulgation. *P. F. 2, 4.*

DISPOSITIONS TRANSITOIRES.

84. Les prohibitions portées par les articles 6, 8 et 10, et la prohibition de pêcher à autres heures que depuis le lever du soleil jusqu'à son coucher, portée par l'article 5 du titre XXXI de l'ordonnance de 1669 [1],

---

[1] Extrait du titre XXXI de l'ordonnance de 1669 :

ART. 5. Défendons de pêcher, en quelques jours et saisons que ce puisse être, à autres heures que depuis le lever du soleil jusqu'à son coucher, sinon aux arches des ponts, aux moulins et

continueront à être exécutées jusqu'à la promulgation
des ordonnances royales qui, aux termes de l'article 26
de la présente loi, détermineront les temps où la pêche
sera interdite dans tous les cours d'eau, ainsi que les
filets et instruments de pêche dont l'usage sera prohibé.

Toutefois, les contraventions aux articles ci-dessus
énoncés de l'ordonnance de 1669 seront punies conformément aux dispositions de la présente loi, ainsi que
tous les délits qui y sont prévus, à dater de sa publi-
cation.

---

aux gords où se tendent des dideaux, auxquels lieux on pourra
pêcher tant de nuit que de jour.

ART. 6. Les pêcheurs ne pourront pêcher durant le temps du
frai, savoir : aux rivières où la truite abonde sur tous les autres
poissons, depuis le 1er février jusqu'à la mi-mars, et aux autres,
depuis le 1er avril jusqu'au 1er juin, à peine.....

ART. 8. Ne pourront aussi mettre bires ou nasses d'osier à
bout des dideaux, pendant le temps de frai, à peine.....

ART. 10. Faisons très expresses défenses aux maîtres pêcheurs
de se servir d'aucuns engins et harnais prohibés par les anciennes
ordonnances sur le fait de la pêche, et, en outre, de ceux appelés
giles, tramail, furet, épervier, chaslon et sabre, dont elles ne
font pas mention, et de tous autres qui pourraient être inventés
au dépeuplement des rivières; comme aussi d'aller au barandage
et mettre des bacs en rivières, à peine.....

LOI

RELATIVE À LA PÊCHE.

Du 31 mai 1865.

ARTICLE PREMIER. Des décrets rendus en Conseil d'État, après avis des Conseils généraux des départements, détermineront :

1° Les parties des fleuves, rivières, canaux et cours d'eau réservées pour la reproduction, et dans lesquelles la pêche des diverses espèces de poissons sera absolument interdite pendant l'année entière;

2° Les parties des fleuves, rivières canaux et cours d'eau dans les barrages desquels il pourra être établi, après enquête, un passage appelé *échelle*, destiné à assurer la libre circulation du poisson.

ART. 2. L'interdiction de la pêche pendant l'année entière ne pourra être prononcée pour une période de plus de cinq ans. Cette interdiction pourra être renouvelée.

ART. 3. Les indemnités auxquelles auront droit les propriétaires riverains qui seront privés du droit de pêche, par application de l'article précédent, seront réglées par le Conseil de préfecture, après expertise, conformément à la loi du 16 septembre 1807.

Les indemnités auxquelles pourra donner lieu l'établissement d'échelles dans les barrages existants seront réglées dans les mêmes formes.

Art. 4. A partir du 1ᵉʳ janvier 1866, des décrets, rendus sur la proposition des Ministres de la Marine et de l'Agriculture, du Commerce et des Travaux publics, régleront d'une manière uniforme, pour la pêche fluviale et pour la pêche maritime dans les fleuves, rivières, canaux affluant à la mer :

1° Les époques pendant lesquelles la pêche des diverses espèces de poissons sera interdite;

2° Les dimensions au-dessous desquelles certaines espèces ne pourront être pêchées [1].

Art. 5. Dans chaque département, il est interdit de mettre en vente, de vendre, d'acheter, de transporter, de colporter, d'exporter et d'importer les diverses espèces de poissons pendant le temps où la pêche en est interdite, en exécution de l'article 26 de la loi du 15 avril 1829 [2].

---

[1] Le vœu de la loi a été rempli par le décret du 10 août 1875, rendu sur la proposition du Ministre des Travaux publics, et par le décret du 20 novembre 1875, rendu sur la proposition du Ministre de la Marine et des Colonies.

[2] Aux termes d'une circulaire ministérielle du 19 octobre 1879, les préfets des départements frontières peuvent autoriser l'importation, pendant les périodes d'interdiction de la pêche, de poissons d'eau douce provenant de l'étranger et destinés à des départements où la pêche de ces poissons est permise.

Cette disposition n'est pas applicable aux poissons provenant des étangs ou réservoirs définis en l'article 30 de la loi précitée.

Art. 6. L'Administration pourra donner l'autorisation de prendre et de transporter, pendant le temps de la prohibition, le poisson destiné à la reproduction.

Art. 7. L'infraction aux dispositions de l'article 1er et du paragraphe 1er de l'article 5 de la présente loi sera punie des peines portées par l'article 27 de la loi du 15 avril 1829, et, en outre, le poisson sera saisi et vendu sans délai, dans les formes prescrites par l'article 42 de ladite loi.

L'amende sera double et les délinquants pourront être condamnés à un emprisonnement de dix jours à un mois :

1° Dans les cas prévus par les articles 69 et 70 de la loi du 15 avril 1829 ;

2° Lorsqu'il sera constaté que le poisson a été enivré ou empoisonné ;

3° Lorsque le transport aura lieu par bateaux, voitures ou bêtes de somme.

La recherche du poisson pourra être faite, en temps prohibé, à domicile, chez les aubergistes, chez les marchands de denrées comestibles et dans les lieux ouverts au public.

Art. 8. Les dispositions relatives à la pêche et au transport des poissons s'appliquent au frai de poisson et à l'alevin.

Art. 9. L'article 32 de la loi du 15 avril 1829 est abrogé en ce qui concerne la marque ou le plombage des filets.

Des décrets détermineront le mode de vérification de la dimension des mailles des filets autorisés pour la pêche de chaque espèce de poisson, en exécution de l'article 26 de la loi du 15 avril 1829 [1].

Art. 10. Les infractions concernant la pêche, la vente, l'achat, le transport, le colportage, l'exportation et l'importation du poisson seront recherchées et constatées par les agents des Douanes, les employés des Contributions indirectes et des Octrois, ainsi que par les autres agents autorisés par la loi du 15 avril 1829 et par le décret du 9 janvier 1852.

Des décrets détermineront la gratification qui sera accordée aux rédacteurs des procès-verbaux ayant pour

---

[1] Décret du 26 août 1865. — Art. 1er. La vérification de la dimension des mailles des filets et de l'espacement des verges des nasses autorisées pour la pêche de chaque espèce de poisson s'effectuera au moyen d'un instrument en forme de pyramide quadrangulaire portant à la surface des traits accompagnés de chiffres indiquant les longueurs des côtés des mailles correspondantes à chaque espèce.

Cet instrument sera fourni par l'Administration et poinçonné par elle. Un exemplaire en sera déposé au greffe de chaque tribunal civil.

Art. 2. Pour opérer la vérification, l'instrument sera introduit successivement dans plusieurs mailles prises au hasard.

objet de constater les délits. Cette gratification sera prélevée sur le produit des amendes [1].

ART. 11. La poursuite des délits et contraventions et l'exécution des jugements pour infractions à la présente loi auront lieu conformément à la loi du 15 avril 1829 et au décret du 9 janvier 1852.

ART. 12. Les dispositions législatives antérieures sont abrogées en ce qu'elles peuvent avoir de contraire à la présente loi.

---

[1] DÉCRET DU 2 DÉCEMBRE 1865. — ART. 1er. La gratification accordée aux agents qui auront constaté les délits en matière de pêche est fixée au tiers de l'amende prononcée contre les délinquants, et recouvrée, sans pouvoir toutefois excéder, pour chaque condamnation, la somme de cinquante francs.

ART. 2. La gratification sera directement acquittée entre les mains de l'ayant droit par le receveur de l'Enregistrement, suivant le mode actuel et les règles de la Comptabilité publique.

CIRCULAIRE

SUR

LA LOI DU 31 MAI 1865,

RELATIVE À LA PÊCHE.

———

Paris, le 12 août 1865.

Monsieur le Préfet, je viens appeler votre attention sur les mesures à prendre pour assurer l'exécution de la loi du 31 mai 1865 relative à la pêche.

Le projet de loi primitif avait pour but unique de réglementer la pêche de la Truite et du Saumon, en réservant seulement à l'Administration, par un article spécial, le droit de rendre applicables à d'autres espèces les dispositions relatives à l'interdiction de la vente et du colportage en temps prohibé. La Commission du Corps législatif a pensé qu'il était opportun de donner à la loi nouvelle un caractère plus général, en appliquant immédiatement ses dispositions à toutes les espèces de poissons.

Le Gouvernement ne pouvait qu'adhérer à cette proposition. La loi du 31 mai dernier vient donc compléter, sur ce point important, celle du 15 avril 1829.

ARTICLE PREMIER. L'article 1ᵉʳ porte que les décrets rendus en Conseil d'État, après avis des Conseils généraux des départements, détermineront :

« 1° Les parties des fleuves, rivières, canaux et cours « d'eau réservées pour la reproduction et dans lesquelles « la pêche des diverses espèces de poissons sera abso- « lument interdite pendant l'année entière;

« 2° Les parties des fleuves, rivières, canaux et cours « d'eau dans les barrages desquels il pourra être établi, « après enquête, un passage appelé *échelle,* destiné à « assurer la libre circulation du poisson. »

Le premier paragraphe a en vue toutes les espèces de poissons ; le second, au contraire, ne s'applique qu'aux espèces voyageuses.

L'Administration avait déjà la faculté, en vertu d'une disposition du cahier des charges qui sert de base aux adjudications de la pêche dans les canaux et rivières du domaine public, de réserver dans les cantonnements une ou plusieurs parties de rivière ou de canal destinées à favoriser la reproduction et dans lesquelles la pêche était interdite toute l'année. Mais cette disposition était insuffisante ; c'est, en effet, dans les parties supérieures des fleuves et rivières, et parfois dans les petits cours d'eau qui y affluent, que la plupart des espèces, et notamment les plus précieuses, telles que le Saumon et la Truite, vont déposer leur œufs. Il était dès lors indispensable qu'une disposition législative donnât à l'Administration les moyens de protéger ces parties de rivières, où le poisson pourra être attiré par l'amélioration des frayères naturelles, ou même par l'organisation de frayères artificielles.

En même temps que l'on protégeait les lits de fécondation, il était essentiel de faciliter les migrations périodiques des poissons voyageurs. On sait, en effet, que plusieurs espèces prennent naissance dans les eaux douces, vont se développer et grandir dans les eaux salées, et remontent vers leur berceau pour accomplir les lois de la reproduction. Or les barrages existant dans les rivières forment un obstacle souvent impraticable à la descente comme à la remonte de ces espèces. Les dispositions de la loi permettront à l'Administration d'établir dans ces barrages un passage ou *échelle* que le poisson puisse facilement franchir.

Toutefois ces mesures, qui touchent aux intérêts des tiers, ne pourront être prises qu'en vertu de décrets rendus en Conseil d'État, et, en ce qui concerne les échelles à poissons, après une enquête, à laquelle il sera procédé dans les formes prescrites par l'ordonnance du 18 février 1834.

Dans tous les cas, les Conseils généraux des départements doivent être appelés à donner préalablement leur avis.

Je vous prie donc, Monsieur le Préfet, de vouloir bien prendre l'avis du Conseil général, dans sa prochaine session, sur la désignation des cours d'eau de votre département où il pourrait être utile, soit de créer des réserves, soit d'établir des échelles dans les barrages existants.

Art. 2. La durée de l'interdiction de la pêche, pendant l'année entière, ne pouvait être illimitée; l'article 2 fixe cette durée à cinq ans. Dans le cas où l'interdiction devrait être prolongée, un nouveau décret interviendra.

Art. 3. Aux termes de l'article 3, les indemnités auxquelles auront droit les propriétaires riverains qui seront privés du droit de pêche, ainsi que celles auxquelles pourra donner lieu l'établissement d'échelles dans les barrages existants, seront réglées par le Conseil de préfecture, après expertise, conformément à la loi du 16 septembre 1807.

Art. 4. L'article 4 dispose qu'à partir du 1ᵉʳ janvier 1866 des décrets rendus sur la proposition des Ministres de la Marine et de l'Agriculture, du Commerce et des Travaux publics régleront d'une manière uniforme, pour la pêche fluviale et pour la pêche maritime, dans les fleuves, rivières, canaux affluant à la mer:

1° Les époques pendant lesquelles la pêche des diverses espèces de poissons sera interdite;

2° Les dimensions au-dessous desquelles certaines espèces ne pourront être pêchées.

De nombreuses divergences existent, en effet, dans les règlements applicables aux parties fluviales et maritimes des fleuves, et il en résulte des inconvénients graves au point de vue de la répression. L'article 4 de la loi nouvelle a pour but de faire cesser cette situation.

Au reste, le principe d'une réglementation uniforme a déjà reçu une première application par les décrets du 19 octobre 1863 et du 24 du même mois, en ce qui touche l'époque de l'interdiction de la pêche de la Truite et du Saumon, et ces décrets doivent continuer à recevoir leur exécution, jusqu'à ce que de nouveaux règlements, concertés avec M. le Ministre de la Marine, soient venus établir, à ce sujet, des dispositions générales [1].

Art. 5. L'article 5 interdit, dans chaque département, de mettre en vente, de vendre, d'acheter, de transporter, de colporter, d'exporter et d'importer les diverses espèces de poissons pendant le temps où la pêche en est interdite, en exécution de la loi du 15 avril 1829.

L'importance de cet article ne vous échappera pas, Monsieur le Préfet. Le principe qu'il établit ne constitue pas cependant une innovation dans la législation, car la loi du 15 avril 1829 contient elle-même l'interdiction du colportage et de la vente pour le poisson qui n'a pas les dimensions fixées par les règlements. Mais l'interdiction, beaucoup plus absolue, édictée par la loi du 31 mai dernier est la seule garantie efficace contre les abus qu'il s'agit de réprimer; elle protégera toutes les espèces de poissons et les préservera de la destruc-

[1] Les règlements intervenus à ce sujet sont: le décret du 10 août 1875, rendu sur la proposition du Ministre des Travaux publics, et le décret du 20 novembre 1875, rendu sur la proposition du Ministre de la Marine et des Colonies.

tion. Aussi est-il essentiel d'en assurer l'observation rigoureuse. Vous voudrez bien, Monsieur le Préfet, adresser à cet égard des instructions spéciales aux agents
chargés de la police de la pêche.

Toutefois, il a paru nécessaire d'admettre une excep·
tion pour les poissons provenant des étangs ou réservoirs,
définis en l'article 30 de la loi du 15 avril 1829.

Ces étangs ou réservoirs constituent, en effet, dans
certaines contrées, un mode particulier d'assolement de
la propriété, et il fallait laisser au propriétaire la possi-
bilité de tirer parti de ces produits, au moment où les
exigences de l'agriculture les mettent entre ses mains.
Mais ce serait toujours au pêcheur ou à celui qui mettra
en vente du poisson d'étangs, pendant l'époque de prohibition, à faire la preuve de son origine, et, en cas
de contestation, les tribunaux apprécieront. Les agents
chargés de la surveillance de la pêche devront donc
exiger la justification de provenance et d'origine de tout
poisson qui paraîtrait sur les halles et marchés en temps
prohibé.

Art. 6. L'article 6 laisse à l'Administration la faculté
d'autoriser exceptionnellement la pêche et le transport
du poisson destiné à la reproduction. L'exercice de cette
faculté, qui se justifie d'elle-même, devra être entouré
des précautions nécessaires pour empêcher toute fraude.

Je n'ai pas besoin d'ajouter que l'ensemble de ces
dispositions ne s'applique qu'au poisson frais et que l'importation, l'exportation et la vente du poisson fumé ou
salé reste libre en toute saison.

ART. 7. L'article 7 édicte la pénalité qui devra être appliquée en cas d'infraction aux prescriptions de l'article 1ᵉʳ et du premier paragraphe de l'article 5. Cette pénalité est empruntée à l'article 27 de la loi du 15 avril 1829; mais, en outre, le poisson devra être saisi et vendu dans les formes prescrites par l'article 42 de cette dernière loi.

Le même article 7 punit les délinquants d'une amende double, et les rend, en outre, passibles d'un emprisonnement de six jours à un mois, pour les cas de récidive et lorsqu'il sera constaté que le poisson a été enivré ou empoisonné, ou lorsque le transport aura lieu par bateaux, voitures ou bêtes de somme.

Je n'ai aucune observation à présenter au sujet de cet article, qui s'explique de lui-même.

ART. 8. L'article 8 déclare applicables au frai de poisson et à l'alevin les dispositions relatives à la pêche et au transport des poissons. Il s'ensuit que les exceptions stipulées par les articles 5 et 6, pour les poissons provenant des étangs et réservoirs ou destinés à la reproduction, s'appliquent également au frai et à l'alevin.

ART. 9. La marque et le plombage des filets prescrits par la loi de 1829 ont paru n'offrir que des garanties insuffisantes contre la fraude; il arrive souvent, en effet, que les marques s'effacent ou que les plombs tombent d'eux-mêmes; d'un autre côté, il est toujours facile de les détacher des filets autorisés, pour les placer sur des engins prohibés. L'article 9 abroge, en conséquence, l'article 32 de la loi du 15 avril 1829 en ce qui concerne la marque et le plombage des filets. Des décrets détermineront le mode de vérification de la dimension des mailles des filets autorisés pour la pêche de chaque espèce de poissons, en exécution de l'article 26 de la même loi. Ces décrets interviendront prochainement [1].

ART. 10. L'article 10 indique les agents qui seront chargés de constater les infractions aux dispositions des articles précédents. Aux agents autorisés par la loi du 15 avril 1829 et le décret du 9 janvier 1852, relatif à la pêche côtière, cet article ajoute les agents des Douanes et les employés des Contributions indirectes et des Octrois. Cette addition était nécessaire en raison de l'interdiction du colportage, de l'importation et de l'exportation.

Le paragraphe 2 du même article dispose que des décrets détermineront la gratification qui sera accordée aux rédacteurs des procès-verbaux ayant pour objet de constater les délits; cette gratification sera prélevée sur le produit des amendes. Ce principe est emprunté à la loi de 1844 sur la chasse et au décret du 9 janvier 1852. Il a été, d'ailleurs, très utilement introduit dans la réglementation relative à la constatation des délits ou des contraventions en matière de douane et de grande voirie. J'aurai soin de vous transmettre les décrets qui seront rendus à ce sujet [2].

---

[1] Voir le décret du 26 août 1865 rendu à ce sujet et inséré au bas de la page 40 ci-dessus.

[2] Voir, page 41, le décret du 2 décembre 1865.

ART. 11. Enfin, en vertu de l'article 11 et dernier, la poursuite des délits et contraventions, et l'exécution des jugements pour infractions aux dispositions de la nouvelle loi auront lieu conformément à la loi du 15 avril 1829 et au décret du 9 janvier 1852. La nouvelle loi n'apporte donc sur ce point aucune modification à la législation actuelle.

Tel est l'ensemble des nouvelles dispositions législatives concernant la pêche. Appliquées avec mesure, mais avec fermeté, elles mettront, on doit l'espérer, un terme aux causes de destruction qui ont appauvri les richesses de nos cours d'eau.

Les restrictions nouvelles qu'elles imposent à l'industrie de la pêche pourront sans doute lui causer quelque gêne, mais elles amélioreront rapidement ses conditions d'exploitation et lui assureront dans un avenir prochain des bénéfices bien supérieurs à ceux qu'elle pouvait attendre de procédés abusifs et destructeurs.

Je vous prie de m'accuser réception de cette circulaire, dont j'adresse ampliation à MM. les Ingénieurs.

Recevez, Monsieur le Préfet, l'assurance de ma considération la plus distinguée.

Le Ministre de l'Agriculture,
du Commerce et des Travaux publics,

Signé : ARMAND BÉHIC.

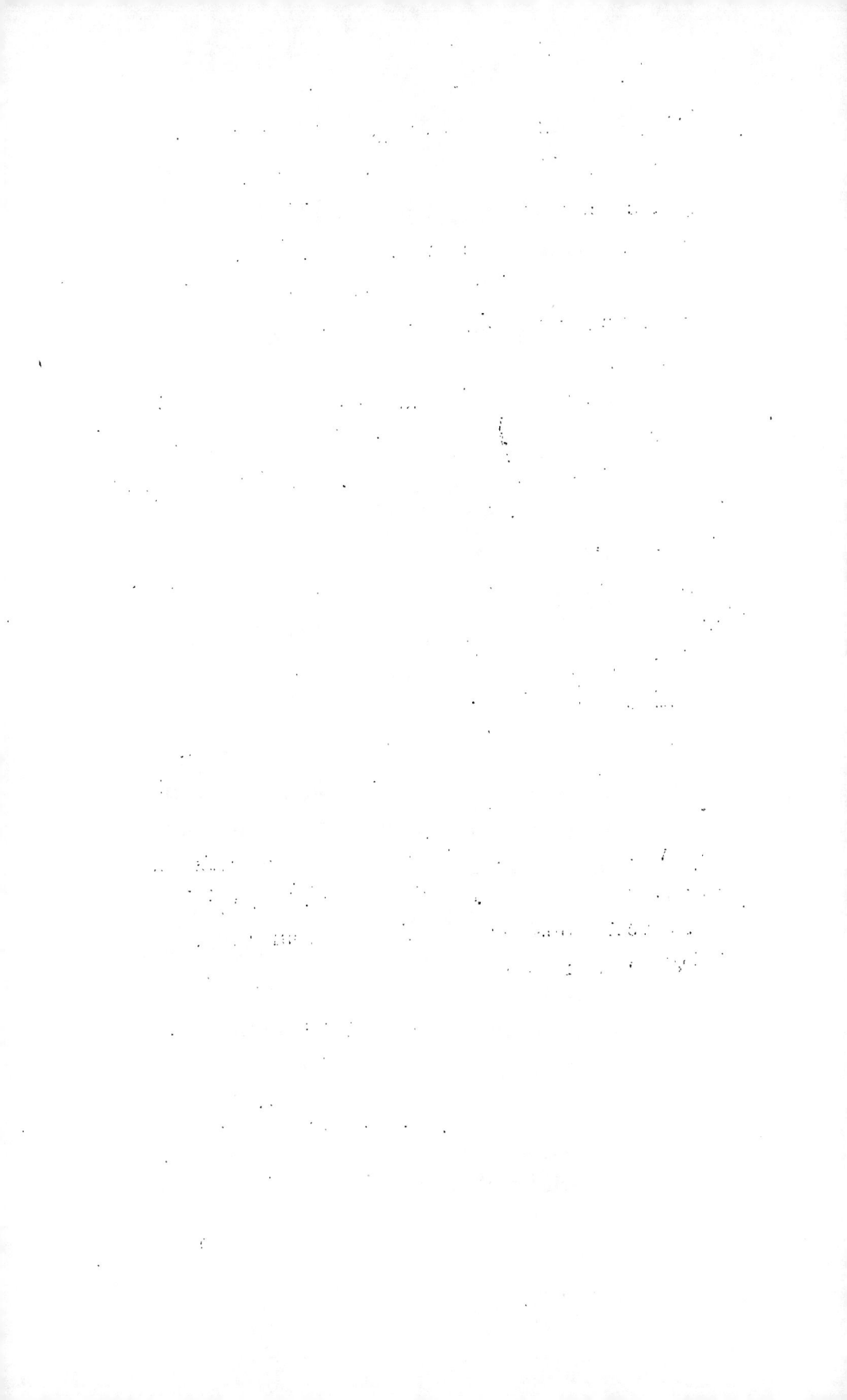

PÊCHE FLUVIALE.

DÉCRET DU 10 AOÛT 1875 [1].

Le Président de la République française,

Sur le rapport du Ministre des Travaux publics;

Vu la loi du 15 avril 1829;

Vu la loi du 31 mai 1865;

Vu le décret du 25 janvier 1868;

Le Conseil d'État entendu,

Décrète :

Art. 1er. Les époques pendant lesquelles la pêche est interdite en vue de protéger la reproduction du poisson sont fixées comme il suit :

1° Du 20 octobre au 31 janvier est interdite la pêche du Saumon, de la Truite, de l'Ombre-chevalier et du Lavaret;

2° Du 15 avril au 15 juin est interdite la pêche de tous les autres poissons et de l'Écrevisse.

---

[1] Voir ci-après, page 83, le décret du 18 mai 1878, qui a modifié les articles 1er, 6, 7, 9, 13 et 20 du décret du 10 août 1875.

Les interdictions prononcées dans les paragraphes précédents s'appliquent à tous les procédés de pêche, même à la ligne flottante tenue à la main [1].

ART. 2. les Préfets peuvent, par des arrêtés rendus après avoir pris l'avis des Conseils généraux, soit pour tout le département, soit pour certaines parties du département, soit pour certains cours d'eau déterminés :

1° Interdire exceptionnellement la pêche de toutes les espèces de poisson pendant l'une ou l'autre période, lorsque cette interdiction est nécessaire pour protéger les espèces prédominantes;

2° Augmenter, pour certains poissons désignés, la durée desdites périodes, sous la condition que les périodes ainsi modifiées comprennent la totalité de l'intervalle de temps fixé par l'article 1er;

3° Excepter de la seconde période la pêche de l'Alose, de l'Anguille, de la Lamproie ainsi que des autres poissons vivant alternativement dans les eaux douces et les eaux salées;

4° Fixer une période d'interdiction pour la pêche de la Grenouille.

ART. 3. Des publications sont faites dans les communes, dix jours au moins avant le début de chaque période d'interdiction de la pêche, pour rappeler les dates du commencement et de la fin de ces périodes.

---

[1] Article modifié par le décret du 18 mai 1878.

ART. 4. Quiconque, pendant la période d'interdiction, transporte ou débite des poissons dont la pêche est prohibée, mais qui proviennent des étangs et réservoirs, est tenu de justifier de l'origine de ces poissons.

ART. 5. Les poissons saisis et vendus aux enchères, conformément à l'article 42 de la loi du 15 avril 1829, ne peuvent pas être exposés de nouveau en vente.

ART. 6. La pêche n'est permise que depuis le lever jusqu'au coucher du soleil.

Toutefois la pêche de l'Anguille, de la Lamproie et de l'Écrevisse peut être autorisée après le coucher et avant le lever du soleil dans des cours d'eau désignés et aux heures fixées par des arrêtés préfectoraux rendus après avis des Conseils généraux. Ces arrêtés déterminent, pour l'Anguille, la Lamproie et l'Écrevisse, la nature et les dimensions des engins dont l'emploi est autorisé [1].

ART. 7. Le séjour dans l'eau des filets et engins ayant les dimensions réglementaires et destinés à la pêche de tous les poissons non désignés à l'article précédent est permis à toute heure, sous la condition qu'ils ne peuvent être placés et relevés que depuis le lever jusqu'au coucher du soleil [1].

ART. 8. Les dimensions au-dessous desquelles les poissons et Écrevisses ne peuvent être pêchés même à

---

[1] Article modifié par le décret du 18 mai 1878.

la ligne flottante, et doivent être immédiatement rejetés à l'eau, sont déterminées comme il suit pour les diverses espèces :

1° Les Saumons et Anguilles, 25 centimètres de longueur;

2° Les Truites, Ombres-chevaliers, Ombres communs, Carpes, Brochets, Barbeaux, Brèmes, Meuniers, Muges, Aloses, Perches, Gardons, Tanches, Lottes, Lamproies et Lavarets, 14 centimètres de longueur;

3° Les Soles, Plies et Flets, 10 centimètres de longueur;

Les Écrevisses à pattes rouges, 8 centimètres de longueur; celles à pattes blanches, 6 centimètres de longueur.

La longueur des poissons ci-dessus mentionnés est mesurée de l'œil à la naissance de la queue; celle de l'Écrevisse, de l'œil à l'extrémité de la queue déployée.

Art. 9. Les mailles des filets, mesurées de chaque côté après leur séjour dans l'eau, et l'espacement des verges, des bires, nasses et autres engins employés à la pêche des poissons, doivent avoir les dimensions suivantes :

1° Pour les Saumons, 40 millimètres au moins;

2° Pour les grandes espèces, autres que le Saumon et l'Écrevisse, 27 millimètres au moins;

3° Pour les petites espèces telles que Goujons, Loches, Vérons, Ablettes et autres, 10 millimètres.

La mesure des mailles et l'espacement des verges est prise avec une tolérance d'un dixième.

Il est interdit d'employer simultanément à la pêche des filets ou engins de catégories différentes [1].

Art. 10. Les Préfets peuvent, sur l'avis des Conseils généraux, prendre des arrêtés pour réduire les dimensions des mailles des filets et l'espacement des verges des engins employés uniquement à la pêche de l'Anguille, de la Lamproie et de l'Écrevisse. Les filets et engins à mailles ainsi réduites ne peuvent être employés que dans les emplacements déterminés par ces arrêtés.

Les Préfets peuvent aussi, sur l'avis des Conseils généraux, déterminer les emplacements limités, en dehors desquels l'usage des filets à mailles de 10 millimètres n'est pas permis.

Art. 11. Les filets fixes ou mobiles et les engins de toute nature ne peuvent excéder en longueur ni en largeur les deux tiers de la largeur mouillée des cours d'eau dans les emplacements où on les emploie.

Plusieurs filets ou engins ne peuvent être employés simultanément sur la même rive ou sur deux rives opposées qu'à une distance au moins triple de leur développement.

Lorsqu'un ou plusieurs des engins employés sont en partie fixes et en partie mobiles, les distances entre les

[1] Article modifié par le décret du 18 mai 1878.

parties fixées à demeure sur la même rive ou sur les rives opposées doivent être au moins triples du développement total des parties fixes et mobiles mesurées bout à bout.

Art. 12. Les filets fixes employés à la pêche doivent être soulevés par le milieu pendant trente-six heures de chaque semaine, du samedi à six heures du soir au lundi à six heures du matin, sur une longueur équivalente au dixième de leur développement, et de manière à laisser entre le fond et la ralingue inférieure un espace libre de 50 centimètres au moins de hauteur.

Art. 13. Sont prohibés tous les filets traînants, à l'exception du petit épervier jeté à la main et manœuvré par un seul homme.

Sont réputés traînants tous filets coulés à fond au moyen de poids et promenés sous l'action d'une force quelconque.

Est pareillement prohibé l'emploi des lacets ou collets [1].

Art. 14. Il est interdit d'établir dans les cours d'eau des appareils ayant pour objet de rassembler le poisson dans des noues, boires, fossés ou mares dont il ne pourrait plus sortir, ou de le contraindre à passer par une issue garnie de pièges.

Art. 15. Il est également interdit :

1° D'accoler aux écluses, barrages, chutes naturelles,

---

[1] Article modifié par le décret du 18 mai 1878.

pertuis, vannages, coursiers d'usines et échelles à poisson, des nasses, paniers et filets à demeure ;

2° De pêcher avec tout autre engin que la ligne flottante tenue à la main, dans l'intérieur des écluses, barrages, pertuis, vannages, coursiers d'usines et passages ou échelles à poisson, ainsi qu'à une distance de trente mètres en amont et en aval de ces ouvrages ;

3° De pêcher à la main, de troubler l'eau et de fouiller au moyen de perches sous les racines ou autres retraites fréquentées par le poisson ;

4° De se servir d'armes à feu, de poudre de mine, de dynamite ou de toute autre substance explosible.

Art. 16. Les Préfets peuvent, après avoir pris l'avis des Conseils généraux, interdire en outre, par des arrêtés spéciaux, d'autres engins, procédés ou modes de pêche de nature à nuire au repeuplement des cours d'eau.

Ils déterminent, conformément au paragraphe 6 de l'article 26 de la loi du 15 avril 1829, les espèces de poissons avec lesquelles il est interdit d'appâter les hameçons, nasses, filets ou autres engins.

Art. 17. Il est interdit de pêcher dans les parties des rivières, canaux ou cours d'eau dont le niveau serait accidentellement abaissé, soit pour y opérer des curages ou travaux quelconques, soit par suite du chômage des usines ou de la navigation.

Art. 18. Sur la demande des adjudicataires de la pêche des cours d'eau et canaux navigables et flottables, et sur la demande des propriétaires de la pêche des autres cours d'eau et canaux, les Préfets peuvent autoriser, dans des emplacements déterminés et à des époques qui ne coïncideront pas avec les périodes d'interdiction, des manœuvres d'eau et des pêches extraordinaires pour détruire certaines espèces dans le but d'en propager d'autres plus précieuses.

Art. 19. Des arrêtés préfectoraux rendus sur les avis des conseils de salubrité et des ingénieurs déterminent:

1° La durée du rouissage du lin et du chanvre dans les cours d'eau et les emplacements où cette opération peut être pratiquée avec le moins d'inconvénient pour le poisson;

2° Les mesures à observer pour l'évacuation dans les cours d'eau des matières et résidus susceptibles de nuire au poisson et provenant des fabriques et établissements industriels quelconques.

Art. 20. Les arrêtés pris par les Préfets en vertu des articles 2, 6, 10, 16 et 19 du présent décret ne sont exécutoires qu'après l'approbation du Ministre des Travaux publics.

A la fin de chaque année, les Préfets adressent au même Ministre un relevé des autorisations accordées en vertu de l'article 18 [1].

Art. 21. Les dispositions du présent décret ne sont

[1] Article notifié par le décret du 18 mai 1878.

applicables ni au lac Léman ni à la Bidassoa, lesquels restent soumis aux lois et règlements qui les régissent spécialement.

ART. 22. Sont abrogés le décret du 25 janvier 1868 et toutes autres dispositions contraires au présent décret.

ART. 23. Le Ministre des Travaux publics est chargé de l'exécution du présent décret.

Fait à Versailles, le 10 août 1875.

Signé M^{al} DE MAC MAHON.

Par le Président de la République :

Le Ministre des Travaux publics,

Signé **CAILLAUX.**

CIRCULAIRE DU 25 OCTOBRE 1875

SUR

LE DÉCRET DU 10 AOÛT 1875.

Paris, le 25 octobre 1875.

Monsieur le Préfet, j'ai l'honneur de vous transmettre le décret du 10 août 1875, qui remplace celui du 24 janvier 1868, portant règlement de la pêche fluviale.

Le nouveau décret donne satisfaction, dans une juste mesure, aux vœux exprimés par un certain nombre de Conseils généraux, aussi bien qu'aux demandes présentées par des personnes compétentes. Il réalise d'ailleurs une amélioration notable dans une matière qui intéresse à un haut degré l'alimentation publique, et, à ces titres, il ne peut manquer d'être favorablement accueilli par tous les intéressés.

Le décret du 25 janvier 1868 avait eu pour but d'assurer d'une manière plus efficace l'application des prescriptions des lois des 15 avril 1829 et 31 mai 1865, en substituant une règle uniforme aux arrêtés pris dans chaque département, en vertu de l'ordonnance du 15 novembre 1830, pour le règlement de la pêche. Souvent, en effet, ces règlements locaux contenaient des dispositions contradictoires qui engendraient des abus et rendaient la surveillance et la police très difficiles, alors surtout qu'il s'agissait de départements baignés par la même rivière ou le même canal.

Pour mettre un terme à cette situation, l'Administration des Ponts et Chaussées, investie par le décret du 29 avril 1662 des attributions partagées auparavant entre elle et l'Administration des Forêts, avait reconnu la nécessité d'édicter un règlement uniforme pour tous les cours d'eau de la France, sauf quelques dispositions spéciales à certaines localités.

L'uniformité de la réglementation n'était point, à vrai dire, une innovation, car elle avait subsisté durant plusieurs siècles consécutifs, tant avant qu'après l'ordonnance de 1869, et elle n'avait été gravement altérée que par l'effet d'une trop grande tolérance dans l'homologation des règlements départementaux rendus à la suite de l'ordonnance du 15 novembre 1830.

Au reste, un pas essentiel avait déjà été fait dans la voie de l'uniformité par les décrets des 19 et 24 août 1863, qui fixaient une période unique d'interdiction de la pêche du Saumon et de la Truite, aussi bien pour la partie fluviale des cours d'eau navigables ou non navigables, que le long du littoral maritime, ainsi que pour les parties des fleuves, rivières et canaux où les eaux sont salées.

Toutefois, avant de généraliser ce nouveau système de réglementation, l'Administration avait voulu recueillir les avis des Conseils généraux des départements, et ces Conseils avaient été appelés à délibérer de 1865 à

1867 sur un projet de règlement uniforme préparé par
une commission composée des personnes les plus autorisées. La section de l'Agriculture, du Commerce et des
Travaux publics du Conseil d'État avait ensuite émis un
avis favorable à ce projet, en y introduisant d'utiles modifications. Telles étaient les bases du décret du 25 janvier 1868 sur la pêche fluviale, qui, en somme, con-
tenait des dispositions moins rigoureuses que la majorité
des règlements locaux dont il prononçait l'abrogation.
Cependant, l'Administration n'entendait appliquer ce
règlement général qu'à titre d'expérience, se réservant
d'en provoquer ultérieurement la revision, lorsque la
pratique aurait signalé les imperfections qu'il pouvait
présenter.

C'est ainsi qu'allant elle-même au-devant des critiques,
elle a appelé les Conseils généraux des départements à
formuler leur avis, dans leurs sessions successives de
1871 à 1873, sur les modifications que leur paraîtrait
comporter la nouvelle réglementation de la pêche. Les
délibérations prises à cet égard par les assemblées départementales ont été analysées avec le plus grand soin.

Le Conseil d'État, saisi de la question en 1874, l'a
examinée avec tout l'intérêt que commandaient et son
importance et la minutieuse instruction dont elle avait
été l'objet. Il a été d'avis que le nouveau règlement pro-
jeté, édictant, en vertu d'une délégation législative, des
prescriptions soumises aux pénalités spéciales des lois
des 15 avril 1829 et 31 mai 1865, devait être rendu
dans la forme des règlements d'administration publique

5

dont il présentait tous les caractères. Le Conseil d'État a pensé, d'ailleurs, qu'il convenait de profiter de la revision du décret du 25 janvier 1868 pour mettre à exécution les mesures énoncées à l'article 4 de la loi du 31 mai 1865, en vue d'établir d'une manière uniforme, pour la pêche fluviale et pour la pêche maritime, dans les fleuves, rivières et canaux affluant à la mer, les époques d'interdiction, ainsi que les dimensions au-dessous desquelles certaines espèces ne pourront être pêchées ; l'accord a eu lieu sur ces deux points entre les Ministères de la Marine et des Travaux publics.

Les dispositions définitivement adoptées par le Conseil d'État ont été sanctionnées par le décret du 10 août 1875, qui a abrogé celui du 25 janvier 1868. Il me paraît utile de donner quelques explications sur les principales dispositions que renferme le nouveau décret.

ARTICLE PREMIER. Cet article statue, comme l'avait fait le décret de 1868, sur le point le plus essentiel de la matière, celui dont les législations de tous les pays ont reconnu la nécessité : l'interdiction de la pêche durant la saison du frai du poisson, afin de favoriser la reproduction des différentes espèces.

En France, les poissons qu'il est utile de protéger de la sorte peuvent être rangés dans deux catégories correspondant à deux périodes distinctes de ponte : celle d'hiver pour les Salmonidés et celle d'été pour les autres espèces. Ces deux périodes, durant lesquelles la vente et le colportage eussent dû être interdits, auraient embrassé des intervalles de temps très considérables, si l'on avait voulu respecter rigoureusement les lois naturelles de la reproduction, qui varient selon les climats ainsi que selon la rapidité, la qualité et la température des eaux, mais l'Administration s'est appliquée à trouver un intervalle moyen entre les saisons extrêmes du frai, de manière à protéger suffisamment les espèces les plus hâtives, comme les espèces les plus tardives, et elle semble avoir atteint ce résultat en fixant la période de la ponte d'hiver du 20 octobre au 31 janvier, et celle de la ponte d'été du 15 avril au 15 juin. Ces limites ont été maintenues dans le nouveau règlement.

En ce qui touche la première période, du 20 octobre au 31 janvier, quelques Conseils généraux avaient demandé qu'elle fût abrégée, et l'Administration se montrait disposée à faire une concession dans ce sens; mais le Conseil d'État a fait remarquer que, si quelques départements avaient réclamé des mesures moins restrictives pour la pêche des Salmonidés, d'autres, en nombre égal, avaient insisté pour obtenir une protection plus efficace des mêmes espèces, et qu'en présence de cette divergence d'opinions, la modification des limites fixées en 1868 ne paraissait pas suffisamment justifiée. Pour la deuxième période, la durée de deux mois, du 15 avril au 15 juin, égale ou plutôt inférieure à celle admise par la majorité des règlements départementaux en vigueur avant le décret du 25 janvier 1868, n'a donné lieu à aucune observation sérieuse.

Toutefois, plusieurs Conseils généraux, considérant

que l'uniformité ne correspond pas partout avec les lois naturelles de la reproduction, ont demandé que le pouvoir de déterminer ces époques leur fût attribué; d'autres se sont bornés à émettre le vœu que la détermination de ces époques fût faite par zones climatériques, comme pour la chasse. Or, le décret à intervenir ne pouvait pas plus que celui du 25 janvier 1868, transgresser les prescriptions de l'article 26 de la loi du 15 avril 1829, qui place dans le domaine des ordonnances la fixation des temps de pêche prohibée. C'est pourquoi l'ordonnance du 15 novembre 1830 avait stipulé l'homologation obligatoire des règlements préparés sur les avis de ces assemblées. D'ailleurs, si l'on eût donné à chaque Conseil départemental la faculté de préciser à son gré les dates du commencement et de la fin des périodes d'interdiction, on serait retombé avant peu dans la diversité à laquelle le principe de l'uniformité avait pour but de mettre un terme.

La détermination des périodes d'interdiction par zones climatériques ne pouvait non plus être admise, puisque les époques du frai ne sont pas uniquement influencées par le climat, mais aussi par la qualité des eaux, par leur rapidité et leur température. Pour tenir compte de ces diverses circonstances, le moyen le plus rationnel serait peut-être de délimiter les régions soumises à une même époque d'interdiction par bassins ou par groupes de rivières, ainsi que cela existe dans la Grande-Bretagne. Mais une telle division engendrerait des difficultés tout aussi grandes que la division par département. En

Écosse, par exemple, où les districts de pêche du Saumon, pouvant avoir chacun leur période spéciale d'interdiction, sont au nombre de 104, et où la loi s'est
bornée à stipuler que le minimum de durée de cette période doit être de 165 jours, on n'est parvenu à surmon-
ter les graves inconvénients résultant de cette disposition
que par une revision récente, qui a réduit à quatre intervalles de temps distincts les nombreuses époques
d'interdiction établies auparavant. Et même, sur les
-104 districts précités, 81 sont encore soumis aujourd-
'hui à une même période d'interdiction, et les quatre
périodes distinctes qui subsistent offrent un intervalle
commun de 145 jours, de telle sorte que leurs diffé-
rences portent seulement sur les 20 jours restants. On
remarque au reste que, dans ce pays, certaines rivières
du Nord ont des époques de frai et, par conséquent, des
périodes d'interdiction plus précoces que certaines rivières du Sud.

Enfin, il n'est pas hors de propos de faire remarquer
que, dans la Grande-Bretagne, où les idées de décentralisation administrative sont plus enracinées qu'en
France et où les intérêts des pêcheurs, qui forment la
pépinière de la Marine, méritent une sollicitude tout
aussi grande, la législation de la pêche n'a point confié
la détermination des époques d'interdiction à des assemblées élues ou bien à des associations d'intéressés, mais
à des fonctionnaires nommés par le Gouvernement pour
s'occuper spécialement du service de la pêche.

Profitant de l'expérience de la Grande-Bretagne et

des renseignements recueillis en France sous le régime de l'ordonnance de 1830, on a trouvé un moyen de corriger ce que l'uniformité des deux périodes d'interdiction avait de trop absolu en accordant aux Préfets, sur l'avis des Conseils généraux, la faculté, insérée à l'article 2 du décret de 1875, d'augmenter, pour certains poissons, la durée desdites périodes sous la condition que les périodes ainsi modifiées comprennent la totalité de l'intervalle de temps fixé par l'article 1er. De cette façon, les espèces qui ne paraîtront pas suffisamment protégées par l'article 1er pourront l'être dans les départements où la nécessité en sera démontrée.

La désignation des poissons compris dans l'une et l'autre période de l'article 1er du décret de 1868 a subi également des modifications qui correspondent à des besoins constatés ou à des vœux justifiés.

Dans la première période, on a ajouté le Lavaret, poisson très estimé, de la famille des Salmonidés, qui, en France, habite seulement le lac du Bourget, mais que l'on peut acclimater dans d'autres eaux.

La deuxième période comprenait l'interdiction de la pêche de l'Anguille et de la Lamproie. Ces poissons, comme toutes les espèces vivant alternativement dans les eaux douces et dans les eaux salées, pourront être exceptés de cette période par un arrêté préfectoral rendu après avis du Conseil général du département.

Le Conseil d'État a d'ailleurs jugé opportun de maintenir dans l'article 1er la disposition spécifiant que les interdictions prononcées s'appliquent à tous les procédés de pêche, même à la ligne flottante tenue à la main, bien que cette disposition rappelle simplement la prescription légale de l'article 5 de la loi du 15 avril 1829 et qu'un décret ne puisse modifier une prescription législative.

ART. 2. L'article 2 du décret de 1875 conserve la faculté d'interdiction absolue de toute pêche pendant l'une ou l'autre des périodes de l'article 1er, afin d'éviter que, sous le prétexte de pêcher des espèces non comprises dans la catégorie de celle qu'embrasse telle ou telle période d'interdiction, on pût capturer des poissons que cette même période protège.

Le Conseil d'État a d'ailleurs été d'avis que, pour la clarté du règlement, il y avait avantage à réunir dans cet article l'ensemble des dérogations à l'article 1er que le Préfet est appelé à consacrer par des arrêtés, et c'est ainsi que l'article 2 renferme les deux dispositions dont il a été question dans les explications relatives à l'article 1er : l'une, pour augmenter la durée des périodes d'interdiction, l'autre, pour excepter certains poissons de la seconde période.

Enfin, pour satisfaire à la demande de quelques Conseils généraux, cet article donne la faculté de fixer une période d'interdiction pour la pêche de la Grenouille. là où elle est appréciée pour l'alimentation.

ART. 3. L'article 3 concerne les publications qui précèdent le début de chaque période d'interdiction. Il n'a soulevé aucune réclamation. Cependant, comme sa rédaction présentait une certaine ambiguïté, le Conseil d'État a pensé qu'il y avait lieu de définir le point de départ et la durée des publications, de manière à se rapprocher de la disposition de la loi sur la chasse.

ART. 4. Cet article n'a été l'objet d'aucune observation ; la rédaction seule en a été modifiée.

ART. 5. Aucune observation.

ART. 6. Cet article fixe les heures pendant lesquelles la pêche est permise. L'Administration avait cru pouvoir tenir compte des réclamations présentées dans plusieurs départements en vue d'obtenir la pêche de nuit, non seulement de l'Anguille et de l'Écrevisse, mais aussi du Saumon, de l'Alose et de la Lamproie; mais le Conseil d'État a fait observer que l'on irait ainsi directement contre l'objet de la réglementation inaugurée en 1863, laquelle avait pour but de protéger la reproduction des poissons voyageurs. En conséquence, il a jugé que l'on ne pouvait assimiler à l'Anguille, pour la pêche de nuit, que la Lamproie, dont le mode de reproduction n'est pas bien connu, mais que cette disposition ne devait pas s'étendre au Saumon et à l'Alose.

A cette occasion, il convient de rappeler que l'ordonnance de 1669 et les règlements anciens interdisaient la pêche de toutes les espèces pendant la nuit, et que la grande majorité des règlements départementaux rendus depuis l'ordonnance de 1830 avaient maintenu cette défense.

Art. 7. L'article correspondant du décret de 1868, concernant la pêche de nuit avec des engins stationnaires, n'a été l'objet d'aucune observation et a été maintenu dans le décret de 1875.

Art. 8. Les dispositions du décret de 1868, déterminant les dimensions au-dessous desquelles les poissons et les Écrevisses ne peuvent être pêchés, n'avaient soulevé d'observations que dans un très petit nombre de départements, et l'Administration se proposait de les maintenir en y ajoutant seulement une distinction relative aux Écrevisses à pattes rouges et à pattes blanches ; mais le Conseil d'État a considéré que la disposition du décret de 1868, qui excepte les poissons pris à la ligne flottante des conditions de dimensions obligatoires, semblait un commentaire de la loi de 1829 et, par conséquent, un empiètement sur le pouvoir d'interprétation des tribunaux. Pour mieux préciser la portée de cette disposition, et assurer, conformément à la loi du 31 mai 1865, la prohibition de la vente et du colportage, dans tous les cas où les dimensions des poissons sont inférieures à celles autorisées, le Conseil d'État a été d'avis de stipuler expressément que tous les poissons pêchés avec des dimensions moindres que celles autorisées, même ceux pris à la ligne flottante tenue à la main, devaient être immédiatement rejetés à l'eau. Tel est l'objet de la modification du premier paragraphe de cet article, qui conserve son numéro dans le décret de 1875.

Le Lavaret a d'ailleurs été ajouté dans la nomenclature des poissons dont la longueur minimum est fixée à 14 centimètres, attendu qu'à l'âge adulte il se rapproche le plus, par sa taille, des poissons compris dans ladite nomenclature.

ART. 9. L'article du décret de 1868, qui règle les mailles de filets, n'avait donné lieu, dans un très petit nombre de départements, qu'à des observations sans valeur; il a été maintenu dans le décret de 1875. Toutefois le Conseil d'État a jugé à propos d'y ajouter une disposition finale qui garantit mieux son efficacité, en interdisant d'employer simultanément à la pêche des filets ou engins de catégorie différente.

ART. 10. Le décret de 1875 contient un nouvel article 10 qui sanctionne les dérogations que l'Administration avait proposé d'insérer dans l'article 9 du décret de 1868, relativement à la réduction des mailles des filets et engins employés uniquement à la pêche de l'Anguille, de la Lamproie et de l'Écrevisse; le nouvel article 10 stipule aussi, conformément à l'avis du Conseil d'État, que l'emploi des filets à mailles de 10 millimètres pourra être circonscrit dans les emplacements déterminés.

ART. 11. L'article 10 du décret de 1868, déterminant les longueurs des filets mixtes et mobiles selon les largeurs mouillées des cours d'eau, n'avait soulevé aucune observation fondée. Il est devenu l'article 11 du décret de 1875, mais sa rédaction a été mieux précisée.

Art. 12. L'article 11 du décret de 1868 prescrivait de soulever, durant un intervalle hebdomadaire de trente-six heures, une partie des filets fixes, pour le libre mouvement des poissons. Cet article n'a donné lieu à aucune observation. Il est maintenu sous le n° 12 dans le décret de 1875.

Art. 13. L'article 12 du décret de 1868, portant prohibition de certains engins destructeurs, avait suscité des observations tendant à faire insérer dans le règlement soit une définition du filet traînant, soit la désignation des filets défendus, soit la permission d'employer des filets réputés traînants jusqu'alors, ou bien autorisés dans certains départements, tandis qu'ils se trouvaient interdits dans d'autres. Cet article n'avait cependant rien innové quant aux filets traînants, qu'il s'était borné à interdire, comme l'avait fait l'ordonnance de 1830, et ainsi qu'auraient dû le faire tous les règlements départementaux dérivés de cette ordonnance. Les difficultés provenaient surtout des interprétations diverses des tribunaux qui, eu égard aux termes généraux de la disposition interdisant les filets traînants, tant dans l'ordonnance de 1830 que dans le décret de 1868, étaient appelés à apprécier, dans chaque cas, si le filet donnant lieu à uue poursuite tombait sous le coup de la prohibition.

L'Administration s'était montrée disposée à éviter ou tout au moins à atténuer notablement ces difficultés,

en proposant de donner aux Préfets le droit de prendre,
sur l'avis des Conseils généraux, des arrêtés contenant la
nomenclature des filets prohibés, selon leurs désigna-
tions locales. Le Conseil d'État n'a point partagé cette
manière de voir : il a pensé que les incertitudes de la
jurisprudence ne pouvaient être fixées que par une définition exacte des filets traînants, dont l'usage reste
interdit d'une manière absolue. A cet effet, il a introduit dans l'article 13 du décret de 1875, correspondant
à l'article 12 du décret de 1868, la définition du filet
traînant, telle qu'elle existe déjà dans les règlements de
la pêche maritime côtière, et il a exprimé en même
temps l'avis que, si des contradictions persistent entre
les jugements des tribunaux, l'Administration n'a d'autre
moyen légal d'y mettre un terme que de frapper ces
jugements d'appel et, au besoin, d'un recours en cassation.

Art. 14, 15, 16 et 17. L'article 13 du décret de
1868, qui déterminait certains procédés et engins de
pêche prohibés, a été admis par le Conseil d'État avec
les modifications que l'administration avait proposées,
selon les demandes présentées dans plusieurs départements, pour défendre la pêche à la main et pour donner aux Préfets le pouvoir d'interdire, par des arrêtés
spéciaux, d'autres engins ou modes de pêche de nature
à nuire au repeuplement des cours d'eau. En outre, le
Conseil d'État a pensé qu'il convenait d'ajouter à l'énu-
mération donnée dans cet article 13 les procédés de

pêche dont les inconvénients avaient été constatés, et qui étaient déjà prévus et réprimés par l'ordonnance de 1669, tels que l'action de troubler l'eau et de fouiller avec des perches sous les racines ou autres retraites fréquentées par les poissons, ainsi que l'emploi des armes à feu, de la poudre, de la dynamite, ou de toute autre substance explosive.

Le Conseil d'État a d'ailleurs jugé utile, pour prévenir toute confusion sur le véritable caractère des dispositions diverses de l'article 13 du décret de 1868, ainsi étendu, de classer sous des numéros différents les prescriptions qui n'émanent point de la même autorité et celles qui n'appellent point la même sanction pénale. C'est pourquoi l'article 13 du décret de 1868, modifié, a été scindé, dans le décret de 1875, en quatre articles, sous les n°s 14, 15, 16 et 17, lesquels sont justifiés par les explications qui précèdent.

Toutefois, au sujet du nouvel article 16, il y a lieu de faire une remarque essentielle. Le décret de 1868 avait passé sous silence l'exécution du dernier paragraphe de l'article 26 de la loi du 15 avril 1829, relatif à la détermination des espèces de poissons avec lesquels il est défendu d'appâter les hameçons, nasses, filets ou autres engins. De là était résulté, surtout pour la pêche à la ligne, une trop grande liberté qui avait suscité, principalement de la part des fermiers de la pêche, des réclamations appuyées par un certain nombre de Conseils généraux. Pour faire cesser les abus, le Conseil d'État a introduit, dans le nouvel article 16 une disposition qui confie aux Préfets le pouvoir de réglementer cette matière par des arrêtés.

Art. 18. L'article 14 du décret de 1868 n'avait donné lieu à aucune observation. Il concernait les autorisations à accorder par les Préfets au sujet de manœuvres d'eau et de pêches exceptionnelles pour détruire certaines espèces dans le but d'en propager d'autres plus précieuses. Il a donc été reproduit dans le décret de 1875 sous le n° 18, mais en y stipulant la condition, se justifiant d'elle-même, que les époques de ces manœuvres ou de ces pêches ne coïncideront point avec les périodes d'interdiction.

Art. 19. L'article 15 du décret de 1868, prescrivant les mesures propres à régler le rouissage du lin et du chanvre ainsi que l'évacuation dans les cours d'eau des matières et résidus nuisibles au poisson, n'avait donné lieu, dans quelques départements, qu'à des observations n'intéressant point, en général, le fond de ces dispositions. Cet article a donc été reproduit sans changement, sous le n° 19, dans le décret de 1875.

Art. 20. Les modifications décentralisatrices que l'Administration supérieure avait proposées pour plusieurs articles essentiels du décret de 1868, en donnant de l'extension aux cas d'intervention des avis des Conseils généraux et aux pouvoirs des administrations locales, ne pouvaient être adoptées que sous une réserve analogue à celle déjà stipulée dans l'ordonnance de 1830, touchant l'homologation obligatoire des arrêtés préfectoraux rendus pour régler divers points qui n'exigeaient pas l'uniformité absolue dans toute l'étendue du territoire.

En effet, c'est par un examen vigilant des arrêtés que les Préfets sont appelés désormais à rendre sur un grand nombre de points, qu'il deviendra possible d'éviter les anomalies trop grandes, d'harmoniser, en tant que besoin, les dispositions relatives aux départements limitrophes ou baignés par la même rivière, et de prévenir les difficultés et les abus résultant des anciens règlements départementaux; aussi, le Conseil d'État, en adoptant la condition de l'approbation de ces arrêtés, que l'Administration avait proposé d'inscrire dans un article spécial, a-t-il jugé que la rédaction de cet article, portant le n° 20 dans le décret de 1875, devait être plus explicite en disant que les arrêtés pris par les Préfets en vertu des articles 2, 6, 10, 16 et 19 de ce décret, ne seront exécutoires qu'après l'approbation du Ministre des Travaux publics.

Le Conseil d'État a jugé, d'ailleurs, que pour tous les arrêtés à rendre, après avis des Conseils généraux des départements, les Préfets ne sont point tenus de se conformer à ces avis, et que leur autorité demeure entière, sous la réserve, bien entendu, de l'approbation ministérielle.

Art. 21 et 22. L'article 16 du décret de 1868, concernant les localités exceptées de sa réglementation, ainsi que les règlements antérieurs abrogés, a été scindé en deux, sous les n⁰ˢ 21 et 22, dans le décret de 1873, et a donné lieu aux changements suivants :

Dans le nouvel article 21, on a fait disparaître le Rhin, qui ne fait plus partie de nos rivières, et l'on a mentionné le lac Léman comme soumis à un règlement spécial qui est en préparation.

Le nouvel article 22 a été rédigé en termes plus généraux que le premier paragraphe de l'ancien article 16, en y indiquant que le décret de 1875 abroge, non seulement le décret de 1868, mais aussi toutes les dispositions contraires.

Art. 23. L'article 17 et dernier du décret de 1868, devenu l'article 23 du décret de 1875, ne comporte aucune explication.

En résumé, Monsieur le Préfet, le décret du 10 août 1875, tel qu'il a été définitivement adopté par le Conseil d'État et sanctionné par M. le Président de la République, semble avoir tenu compte de toutes les observations et de tous les vœux susceptibles de se concilier avec les lois actuelles de la pêche et avec les nécessités impérieuses de la surveillance. L'Administration supérieure, en restreignant l'uniformité de la réglementation dans les limites des dispositions les plus essentielles, en consacrant une intervention plus large des Conseils généraux, en laissant à l'autorité locale une plus grande latitude, a donné aux Assemblées départementales un témoignage de son désir de satisfaire aux idées de décentralisation dans ce qu'elles ont de réellement pratique.

Vous voudrez bien, Monsieur le Préfet, faire insérer le décret du 10 août 1875, dans le recueil des actes administratifs de la préfecture, et m'accuser réception de cette communication, dont j'adresse une ampliation à M. l'Ingénieur en chef.

Recevez, Monsieur le Préfet, l'assurance de ma considération la plus distinguée.

Le Ministre des Travaux publics,

E. CAILLAUX.

Pour copie conforme :

Le Conseiller d'État,
Directeur général des Ponts et Chaussées
et des Chemins de fer,

Signé : DE FRANQUEVILLE.

PÊCHE FLUVIALE.

DÉCRET DU 18 MAI 1878.

Le Président de la République française,

Sur le rapport du Ministre des Travaux publics;
Vu la loi du 15 avril 1829;
Vu la loi du 31 mai 1865;
Vu le décret du 10 août 1875;
Le Conseil d'État entendu,

Décrète :

Article premier. Les articles 1er, 6, 7, 9, 13 et 20 du décret du 10 août 1875 sont modifiés de la manière suivante:

Art. 1er. — Les époques pendant lesquelles la pêche est interdite, en vue de protéger la reproduction du poisson, sont fixées comme il suit:

1° Du 20 octobre ou 31 janvier est interdite la

6.

pêche du Saumon, de la Truite et de l'Ombre-che·
valier;

2° Du 15 novembre au 31 décembre est interdite la
pêche du Lavaret;

3° Du 15 avril au 15 juin est interdite la pêche de
tous les autres poissons et de l'Écrevisse.

Les interdictions prononcées dans les paragraphes
précédents s'appliquent à tous les procédés de pêche,
même à la ligne flottante tenue à la main (1).

ART. 6. — La pêche n'est permise que depuis le
lever jusqu'au coucher du soleil.

Toutefois la pêche de l'Anguille, de la Lamproie et
de l'Écrevisse peut être autorisée après le coucher et
avant le lever du soleil, dans les cours d'eau désignés
et aux heures fixées par des arrêtés préfectoraux rendus
après avis des Conseils généraux. Ces arrêtés déterminent, pour l'Anguille, la Lamproie et l'Écrevisse, la

---

(1) Aux termes d'une circulaire ministérielle du 25 septembre
1880, les prescriptions de cet article doivent recevoir leur application dans les conditions suivantes, savoir:

Du 20 octobre *exclusivement* au 31 janvier *inclusivement*, pour
le Saumon, la Truite et l'Ombre-chevalier;

Du 15 novembre *exclusivement* au 31 décembre *inclusivement*,
pour le Lavaret;

Du 15 avril *exclusivement* au 15 juin *inclusivement*, pour tous
les autres poissons et pour l'Écrevisse.

nature et les dimensions des engins dont l'emploi est autorisé.

La pêche du Saumon et de l'Alose peut être autorisée par des arrêtés préfectoraux rendus après avis des Conseils généraux, pendant deux heures au plus après le coucher du soleil et deux heures au plus avant son lever, dans certains emplacements des fleuves et rivières navigables spécialement désignés.

ART. 7. — Le séjour dans l'eau des filets et engins ayant les dimensions réglementaires est permis à toute heure, sous la condition qu'ils ne peuvent être placés et relevés que depuis le lever jusqu'au coucher du soleil.

ART. 9. — Les mailles des filets, mesurées de chaque côté après leur séjour dans l'eau, et l'espacement des verges, des bires, nasses et autres engins employés à la pêche des poissons doivent avoir les dimensions suivantes:

1° Pour les Saumons, 40 millimètres au moins;

2° Pour les grandes espèces, autres que le Saumon et pour l'Écrevisse, 27 millimètres au moins;

3° Pour les petites espèces, telles que Goujons, Loches, Vérons, Ablettes et autres, 10 millimètres.

La mesure des mailles et de l'espacement des verges est prise avec une tolérance d'un dixième.

Il est interdit d'employer simultanément à la pêche, des filets ou engins de catégorie différente.

ART. 13. — Sont prohibés tous les filets traînants, à l'exception du petit épervier jeté à la main et manœuvré par un seul homme.

Sont réputés traînants tous les filets coulés à fond au moyen de poids et promenés sous l'action d'une force quelconque.

Est pareillement prohibé l'emploi de lacets ou collets.

Toutefois des arrêtés préfectoraux rendus après avis des Conseils généraux peuvent autoriser, à titre exceptionnel, l'emploi de certains filets traînants à mailles de 40 millimètres au moins, pour la pêche d'espèces spécifiées, dans les parties profondes des lacs, des réservoirs de canaux, et des fleuves et rivières navigables. Ces arrêtés désignent spécialement les parties considérées comme profondes dans les lacs, réservoirs de canaux, fleuves et rivières navigables. Ils indiquent aussi les noms locaux des filets autorisés et les heures auxquelles leur manœuvre est permise.

ART. 20. — Les arrêtés pris par les Préfets en vertu des articles 2, 6, 10, 13, 16 et 19 du présent décret ne sont exécutoires qu'après approbation donnée par le Ministre des travaux publics, le Conseil général des Ponts et Chaussées entendu.

Ces arrêtés ne sont valables que pour une année; ils peuvent être renouvelés.

A la fin de chaque année, les Préfets adressent au même Ministre un relevé des autorisations accordées en vertu de l'article 18.

Art. 2. — Le Ministre des Travaux publics est chargé de l'exécution du présent décret.

Fait à Versailles, le 18 mai 1878.

M^{al} DE MAC MAHON.

Par le Président de la République :

Le Ministre des Travaux publics,

C. DE FREYCINET.

CIRCULAIRE DU 14 JUIN 1878

LE DÉCRET DU 18 MAI 1878.

———

Monsieur le Préfet, le décret du 10 août 1875 sur
la pêche fluviale a soulevé, aussitôt après sa promulgation, de vives réclamations, principalement dans les
départements riverains de la Loire et de la Garonne,
contre celles de ses dispositions qui maintenaient la prohibition de pêcher la nuit, et l'interdiction de faire
usage de filets traînants.

Avant d'examiner dans quelle mesure il pouvait être
fait droit à ces réclamations, un de mes prédécesseurs
a voulu que les Conseils généraux de tous les départements fussent appelés à se prononcer, non pas seulement sur les deux questions de la pêche de nuit et des
filets traînants, mais encore sur toutes les modifications
qu'il pourrait être utile d'introduire dans la réglementation actuelle de la pêche. Aux délibérations des Conseils généraux devaient être joints les avis des ingénieurs, et vos observations, Monsieur le Préfet.

Le soin d'analyser et de résumer le résultat de cette
instruction a été confié à M. l'Ingénieur en chef des

Ponts et Chaussées, chargé de l'étude des questions générales concernant le service de la pêche, et les propositions de cet ingénieur ont ensuite été soumises à une commission spéciale, ayant pour mission de préparer un nouveau projet de décret à transmettre au Conseil d'État, pour le cas où elle reconnaîtrait la convenance de modifier le décret du 10 août 1875.

La Commission s'est livrée à un examen approfondi des documents qui lui ont été communiqués. Elle ne s'est pas dissimulé l'inconvénient qu'il pouvait y avoir à revenir sur des dispositions à peine édictées, aussi a-t-elle reconnu que, sauf quelques changements, de pure forme, destinés à rendre la rédaction de certains articles plus précise, la revision du décret de 1875 ne devait porter que sur les deux points principaux, objets des doléances soumises à l'Administration : la faculté de pêcher la nuit certaines espèces de poissons, et l'emploi de filets traînants dans des conditions déterminées.

La Commission a formulé des propositions dans ce sens, et le Conseil d'État, adoptant la plupart de ces propositions, a définitivement arrêté le texte du décret qui a été signé par M. le Président de la République le 18 mai 1878, et dont vous trouverez ci-joint une ampliation.

Les changements apportés au décret du 10 août 1875 s'appliquent aux articles 1, 6, 7, 9, 13 et 20.

Le nouveau paragraphe ajouté à l'article 1er est spécial au lac du Bourget, qui jusqu'ici renferme seul le Lavaret. Il était nécessaire d'assigner à cette espèce,

comme aux autres, une période d'interdiction correspondant au temps du frai.

L'article 6 a reçu également un paragraphe addition-
nel vous conférant, Monsieur le Préfet, la faculté d'autoriser, par arrêtés rendus après avis du Conseil général
de votre département, la pêche du Saumon et de l'Alose,
pendant deux heures au plus après le coucher du
soleil, et pendant deux heures au plus avant son lever,
dans certains emplacements à désigner spécialement.

La rédaction de l'article 7 a dû être remaniée comme
conséquence des changements apportés à l'article précédent.

Un changement de pure forme a été apporté au paragraphe 2 de l'article 9.

L'article 13, concernant l'emploi des filets traînants,
a reçu une importante modification. On a admis qu'en
raison des plaintes nombreuses révélées par l'instruction,
et de la tolérance dont l'Administration avait usé en
certains cas, il convenait de ne pas maintenir l'interdiction absolue des filets traînants; mais il a paru nécessaire d'exiger que les dimensions des mailles de ces
engins fussent toujours d'au moins quarante millimètres
($0^m,040$). Il a semblé juste d'ailleurs de permettre
l'emploi des filets traînants aussi bien dans les parties
profondes des lacs et des réservoirs des canaux que dans
celles des fleuves et rivières navigables.

En ce qui touche l'article 20, le Conseil d'État a fait
remarquer que, tout en donnant aux préfets la possibi-
lité de tenir compte des circonstances locales, dans une

plus large mesure que par le passé, il importe de ne pas perdre de vue que, pour éviter le dépeuplement des cours d'eau, il est nécessaire de conserver, autant que possible, sinon pour toute la France, au moins pour chaque grand bassin, l'unité de la réglementation qui a été établie en 1868 et 1875.

Afin d'atteindre ce but, le Conseil d'État, d'accord avec la Commission chargée d'élaborer le nouveau projet de règlement, a pensé que l'approbation ministérielle exigée pour que les arrêtés préfectoraux soient exécutoires, ne devait être donnée qu'après un examen fait en Conseil général des Ponts et Chaussées; ces arrêtés ne seraient d'ailleurs valables que pour un an, afin de leur conserver un caractère exceptionnel et provisoire qui permettrait de les reviser avec soin chaque année, si l'expérience venait à démontrer l'inconvénient de certaines autorisations.

Vous voudrez bien remarquer, Monsieur le Préfet, que l'intervention du Conseil général des Ponts et Chaussées appelle tout naturellement l'avis préalable des ingénieurs à l'appui des arrêtés que vous aurez à me soumettre. J'ajouterai qu'en vue d'arriver à l'uniformité de réglementation, lorsqu'il s'agira d'appliquer sur un cours d'eau commun à plusieurs départements, les dispositions des articles 2, 6, 10, 13, 16 et 19 des décrets des 10 août 1875 et 18 mai 1878, vous voudrez bien n'adresser à l'Administration que des propositions concertées avec vos collègues des départements intéressés.

Aux observations qui précèdent, je crois utile de

joindre quelques indications en ce qui touche l'exécution de l'article 11 du décret du 10 août 1875, portant
que les filets fixes ou mobiles et les engins de toute
nature employés à la pêche ne peuvent excéder en longueur ni en largeur les deux tiers de la largeur mouillée
des cours d'eau, dans les emplacements où on les emploie. Quelques ingénieurs ont demandé des instructions
à ce sujet, en faisant observer que le profil en travers
d'une rivière est constitué fréquemment par deux parties, l'une profonde, l'autre de faible hauteur d'eau; que
c'est généralement dans la partie profonde que se tiennent
les plus gros poissons et particulièrement les espèces
voyageuses, et que les pêcheurs ne manquent jamais de
tendre leurs filets là où le chenal est le plus étroit et
par conséquent le plus profond, en sorte que toute la
partie poissonneuse du cours d'eau se trouve inter-
ceptée.

Il importe tout d'abord de rappeler que l'article 11
du décret du 10 août 1875 n'a eu d'autre objet que de
préciser la disposition trop vague de la loi du 15 avril
1829 (article 24), laquelle se borne à interdire l'emploi
d'appareils quelconques ayant pour objet d'empêcher
entièrement le passage du poisson. Il aurait donc suffi
pour rester, sinon dans l'esprit, du moins dans les termes
de la loi, de laisser libre une portion, si minime qu'elle
fût, de la section mouillée du cours d'eau; or, les pêcheries fixes aussi bien que les filets mobiles ne peuvent
être tolérés dans un fleuve ou dans une rivière navigable
que lorsqu'ils ne portent pas obstacle à la navigation en

interceptant le chenal. Les objections tirées des abus qu'entraîne l'application de l'article 11 peuvent donc être levées par la simple application des règlements de grande voirie.

D'un autre côté, vous ne perdrez pas de vue, Monsieur le Préfet, en ce qui touche l'emploi des filets traînants (article 13), que c'est à vous à déterminer les emplacements des fleuves ou rivières, des lacs et réservoirs des canaux où la hauteur d'eau peut être considérée comme profonde, et je ne doute pas que les renseignements que vous recevrez à cet égard de MM. les ingénieurs ne vous fixent sur les moyens d'éviter les abus.

En résumé, le principal motif qui a conduit l'Administration à reviser la réglementation actuelle de la pêche, a été de ne pas revenir sur les concessions qu'elle avait faites aux plaintes des pêcheurs; mais ces concessions ont atteint la limite du possible et elles conduiraient à un prompt dépeuplement de nos cours d'eau, si les prescriptions réglementaires, ainsi adoucies, n'étaient pas strictement observées. Il importe surtout que la surveillance de la pêche soit exercée le plus rigoureusement possible, et je ne saurais trop vous recommander d'inviter MM. les ingénieurs à donner à cet égard les instructions les plus précises aux agents sous leurs ordres.

Je vais me préoccuper, de mon côté, d'augmenter le personnel des gardes-pêche, et je vous ferai connaître ultérieurement ma décision à cet égard.

Je vous prie de vouloir bien m'accuser réception de la présente circulaire, dont j'envoie une ampliation à MM. les ingénieurs.

Recevez, Monsieur le Préfet, l'assurance de ma considération la plus distinguée.

Le Ministre des Travaux publics,

C. DE FREYCINET,

PÊCHE FLUVIALE.

DÉCRET DU 15 JUILLET 1879.

LE PRÉSIDENT DE LA RÉPUBLIQUE FRANÇAISE,

Sur le rapport du Ministre des Travaux publics,

Vu les lois des 15 avril 1829 et 31 mai 1865, sur la pêche fluviale, et notamment l'article 6 de cette dernière loi, ainsi conçu :

« L'Administration pourra donner l'autorisation de « prendre et de transporter pendant le temps de la pro- « hibition, le poisson destiné à la reproduction. »

Vu les décrets des 10 août 1875 et 18 mai 1878, portant règlement d'administration publique, en exécu- tion des lois précitées;

Le Conseil d'Etat entendu,

DÉCRÈTE :

ARTICLE PREMIER. Le Ministre des travaux publics peut, dans un but de repeuplement, autoriser les agents de l'administration des ponts et chaussées à pêcher et à transporter en tout temps la montée d'anguilles, en se servant d'engins prohibés par les décrets susvisés.

7

Art. 2. Le Ministre des travaux publics est chargé de l'exécution du présent décret.

Fait à Paris, le 15 juillet 1879.

Signé: Jules GRÉVY.

Par le Président de la République,

Le Ministre des Travaux publics,

Signé: C. DE FREYCINET.

DÉCRET DU 2 AVRIL 1880.

Le Président de la République française,

Sur le rapport du Ministre des Travaux publics,

Vu les articles 1 et 2 de la loi du 31 mai 1865, sur la pêche fluviale, ainsi conçus :

«Article premier. Les décrets rendus en Conseil d'État après avis des conseils généraux détermineront :

« 1° Les parties des fleuves, rivières, canaux et cours d'eau réservées pour la reproduction et dans lesquelles la pêche sera absolument interdite pendant l'année entière ;

« 2° Les parties des fleuves, rivières, canaux et cours d'eau, dans les barrages desquels il pourra être établi après enquête un passage appelé *échelle*, destiné à assurer la libre circulation du poisson.

«Art. 2. L'interdiction de la pêche pendant l'année entière ne pourra être prononcée pour plus de cinq ans ; elle pourra être renouvelée; »

Vu le décret en date du 12 janvier 1875, qui a institué des réserves dans les différents bassins fluviaux de la France, en exécution de la loi précitée du 31 mai 1865;

Vu les propositions des ingénieurs des départements intéressés;

Vu les avis des Conseils généraux de ces départements ;

Vu le rapport de l'ingénieur en chef chargé des questions générales concernant la pêche; ledit rapport en date du 1ᵉʳ décembre 1879, ainsi que l'avis du conseil général des Ponts et Chaussées;

Le Conseil d'État entendu,

DÉCRÈTE:

ARTICLE PREMIER. Les parties des fleuves, rivières et canaux navigables et flottables désignés à l'état annexé au présent décret seront réservées pour la reproduction du poisson.

ART. 2. La pêche des diverses espèces de poissons est absolument interdite pendant l'année entière dans les parties des fleuves, rivières et canaux désignés audit état.

ART. 3. Cette interdiction est prononcée pour une période de cinq ans, à dater du 1ᵉʳ janvier 1880.

Cette interdiction ne sera appliquée dans les parties des cours d'eau et canaux désignées comme réserve, et qui ne se trouvaient point comprises au décret susvisé de 1875, qu'au fur et à mesure de l'expiration des baux d'affermage actuels.

Les réserves comprises dans le présent décret et sur lesquelles les propriétaires riverains seraient reconnus avoir des droits de pêche pourront être annulées sur la demande desdits propriétaires.

ART. 4. Chaque année, au mois de janvier, des publications seront faites dans les communes pour rappeler les emplacements réservés pour la reproduction et où la pêche est absolument défendue.

ART. 5. Pendant les périodes d'interdiction de la pêche, fixées conformément à l'article 26 de la loi du 15 avril 1829 et à l'article 4 de la loi du 31 mai 1865, il est interdit de laisser vaguer les oies, les canards, les cygnes et autres animaux aquatiques, susceptibles de détruire le frai du poisson sur les cours d'eau et canaux dans l'étendue des réserves affectées à la reproduction.

ART. 6. Les réserves existant en vertu du décret susvisé du 12 janvier 1875, et qui ne sont pas comprises dans le tableau annexé au présent décret, ainsi que toute réserve ne résultant pas de l'application de la loi du 31 mai 1865, sont et demeurent supprimées et la pêche y sera affermée au profit de l'État.

ART. 7. Le Ministre des Travaux publics est chargé de l'exécution du présent décret.

Fait à Paris, le 2 avril 1880.

Signé : JULES GRÉVY.

Par le Président de la République :

Le Ministre des Travaux publics,

Signé : H. VARROY.

INSTRUCTION

POUR

LES GARDES-PÊCHE

ET AUTRES PRÉPOSÉS CHARGÉS DE CONSTATER LES DÉLITS

PRÉVUS PAR LA LOI DU 15 AVRIL 1829

SUR LA POLICE LE LA PÊCHE FLUVIALE.

AVERTISSEMENT PRÉLIMINAIRE [1].

L'Instruction suivante est destinée à diriger les gardes-pêche dans l'exercice de leurs fonctions ; elle leur indique les droits respectifs de l'État et des particuliers, les dispositions qui régissent la police de la pêche sur les divers cours d'eau, les moyens de surveillance employés, les pouvoirs des agents chargés de la constatation des délits, les mesures à prendre pour assurer leur répression.

Les pouvoirs des gardes étant étendus, ceux-ci doivent en user avec politesse à l'égard des personnes et avec respect envers les propriétés.

---

[1] Voir l'arrêté ministériel et la circulaire du 2 mars 1866, ainsi que l'arrêté ministériel du 30 mai 1884 et la circulaire du 9 juin 1884 concernant l'équipement et l'armement des gardes-pêche.

Voir aussi la circulaire du 2 janvier 1866, relative au modèle de carnet.

Les gardes essayeront de prévenir les délits en expliquant aux pêcheurs les peines auxquelles ils s'exposent, et en les invitant à cesser les actes susceptibles de donner lieu à des poursuites.

Les gardes ne chercheront à opérer des saisies, ne requerront l'assistance de la force publique, ne feront la visite des bateaux, ne demanderont à pénétrer dans les propriétés closes, qu'autant qu'ils auront des motifs très fondés d'agir ainsi, et que les délits à réprimer auront été commis malgré leur avertissement.

En parcourant les rives des cours d'eau pour la surveillance, ils éviteront de causer des dégâts.

Ils devront, en toute circonstance, se rappeler qu'ils agissent dans l'intérêt général, et qu'en outre ils ont à protéger les intérêts privés, lorsque ceux-ci se trouvent lésés par suite d'infractions à la loi et aux règlements.

Tout acte de négligence ou de mauvaise conduite dans l'exercice de leurs fonctions comporte une répression sévère.

Ils ne peuvent, sous aucun prétexte, se livrer eux-mêmes à la pêche sans s'exposer à être révoqués.

Toutes les parties des instructions sont également obligatoires, mais les gardes doivent principalement fixer leur attention sur les points suivants :

Exercer une surveillance rigoureuse pendant les saisons où la pêche est interdite; et en tout temps dans les parties réservées pour la reproduction ;

Empêcher l'obstruction des cours d'eau par des barrages ou des engins de pêche ne laissant aucun passage libre au poisson ;

Vérifier si les personnes qui se livrent à la pêche sont munies de la permission exigée, et si les mailles des filets employés ont les dimensions réglementaires ;

Rechercher les auteurs de l'empoisonnement des eaux ;

Vérifier si les poissons exposés en vente ont les dimensions prescrites.

CHAPITRE PREMIER.
DU DROIT DE PÊCHE.

Le droit de pêche dans les cours d'eau appartient à l'État ou aux propriétaires riverains, d'après les distinctions suivantes.

Ce droit est exercé au profit de l'État :

1° Dans tous les fleuves, rivières, canaux et contre-fossés navigables ou flottables avec bateaux, trains ou radeaux, et dont l'entretien est à la charge de l'État ou de ses ayants cause [1].

2° Dans les bras, noues, boires et fossés qui tirent

---

[1] Les parties des fleuves, rivières et canaux dans lesquelles le droit de pêche doit être exercé au profit de l'État ont été déterminées par l'ordonnance royale du 10 juillet 1835, et par quelques ordonnances et décrets postérieurs.

leurs eaux des fleuves et rivières navigables ou flottables, dans lesquels on peut en tout temps passer ou pénétrer librement en bateau pêcheur, et dont l'entretien est à la charge de l'État.

Sont toutefois exceptés les canaux et fossés existants ou qui seraient creusés dans les propriétés particulières et entretenus aux frais des propriétaires. (Loi du 15 avril 1829, art 1er.)

Dans toutes les rivières et canaux autres que ceux qui sont désignés ci-dessus, les propriétaires riverains ont, chacun de son côté, le droit de pêche jusqu'au milieu du cours de l'eau, sans préjudice des droits contraires établis par possession ou titre. (*Idem*, art. 2.)

CHAPITRE II.
EXERCICE DU DROIT DE PÊCHE.

SECTION PREMIÈRE.
DES PERSONNES AYANT QUALITÉ POUR EXERCER LE DROIT DE PÊCHE.

§ 1er. *Dispositions générales.*

Le droit de pêche ne peut être exercé que par ceux auxquels ce droit appartient, ou par des personnes justifiant des cessions, autorisations ou permissions régulières. (Loi du 15 avril 1829, art. 5.)

§ 2. *Dispositions spéciales aux cours d'eau dépendant du Domaine public.*

Le droit de pêche dans les fleuves, rivières et canaux

spécifiés dans les deux premiers paragraphes de l'article
1ᵉʳ de la loi du 15 avril 1829 ne peut être exercé que
par ceux auxquels il a été amodié, conformément aux
dispositions du titre III de la même loi, c'est-à-dire par
les adjudicataires et porteurs de licences.

Il peut être également exercé par leurs cofermiers,
compagnons et gens à gages, et par ceux auxquels ils
auront délivré des permissions, mais seulement dans les
limites et sous les conditions énoncées dans les cahiers
des charges [1].

Toute concession ou autorisation donnée en dehors
des conditions du cahier des charges est nulle et ne
peut profiter à celui qui l'a obtenue. C'est d'ailleurs aux
cofermiers, compagnons et permissionnaires qu'il appartient de s'assurer d l'étendue des droits des adjudicataires et de la régularité de leur propre titre.

Doit être considéré comme délinquant tout adjudicataire ou cofermier qui se livre à la pêche avant d'avoir
obtenu le permis de l'ingénieur en chef.

Il en est de même de celui qui pêche en vertu d'une
permission non revêtue du visa du même agent.

Par dérogation aux prohibitions qui précèdent:

Il est permis à tout individu de pêcher à la ligne
flottante tenue à la main, dans les fleuves, rivières et

---

[1] Les gardes-pêche chargés de la surveillance sur les rivières
navigables et flottables et sur les canaux seront pourvus d'un
exemplaire imprimé du cahier des charges et conditions imposées
aux adjudicataires.

canaux désignés dans les deux premiers paragraphes de
l'article 1ᵉʳ de la loi du 15 avril 1829, le temps de
frai excepté. (Même loi, art. 5, § 3.)

Toutefois la pêche est interdite d'une manière absolue dans les parties réservées pour la reproduction
en vertu des décrets rendus conformément à la loi du
31 mai 1865.

Il est également permis à tout individu de pêcher
dans les parties des mêmes fleuves, rivières et canaux
qui se trouvent comprises dans les limites de l'inscription maritime, à la condition de se conformer :

1° Aux règlements sur la police de la pêche fluviale,
pour la pêche qui se pratique au-dessus du point où des
décrets [1] ont fixé la limite entre les eaux douces et les
eaux salées;

2° Aux règlements sur la police de la pêche maritime, pour la pêche qui a lieu au-dessous de ce point [2].

SECTION II.
POLICE DE LA PÊCHE.

§ 1ᵉʳ. *Dispositions applicables à tous les cours d'eau.*

Nul ne peut exercer le droit de pêche dans les fleuves
ou rivières navigables ou flottables, les canaux, ruis-

---

[1] Les limites entre les eaux douces et les eaux salées se
trouvent indiquées dans des décrets des 4 juillet 1853 et 19 novembre 1859.

[2] La police de la pêche maritime est exercée par des agents
spéciaux.

seaux ou cours d'eau quelconques, qu'en se conformant aux dispositions suivantes :

Il est interdit :

1° De placer dans les cours d'eau aucun barrage, appareil ou établissement quelconque de pêcheries ayant pour objet d'empêcher entièrement le passage du poisson (Loi du 15 avril 1829, art. 24 [1]);

2° De jeter dans les cours d'eau des drogues ou appâts de nature à enivrer le poisson ou à le détruire (*Idem,* art. 25);

3° De pêcher, même à la ligne flottante, pendant les temps, saisons et heures prohibés par le décret du 10 août 1875, ainsi que par les arrêtés rendus conformément à ce décret (*Idem,* art. 27);

4° De pêcher en tout temps dans les parties réservées pour la reproduction (Loi du 31 mai 1865, art. 1er);

5° De faire usage de filets traînants, et en général de filets, engins et instruments, de même que de procédés

---

[1] La défense faite par l'article 24 de la loi sur la pêche fluviale s'applique à tous les canaux et fossés, quels qu'ils soient, communiquant par un point avec les fleuves et rivières, même à ceux qui seraient établis entre des propriétés particulières et qui n'aboutiraient par l'autre extrémité à aucun cours d'eau. (Arrêt de cassation du 24 novembre 1832.)

Elle s'applique également aux cours d'eau qui se forment accidentellement sur les propriétés privées à la suite des crues et débordements des fleuves et rivières. (Cass. 8 novembre 1805, 5 novembre 1847 et 7 avril 1848.)

et modes de pêche interdits par les décrets du 10 août
1875 et du 18 mai 1878 ainsi que par les arrêtés rendus conformément à ces décrets (Loi du 15 avril 1829,
art. 28);

6° De se servir soit de filets dont les mailles carrées
auraient des dimensions moindres que celles fixées dans
les décrets du 10 août 1875 et du 18 mai 1878, selon
les espèces;

Soit de bires, nasses ou autres engins dont les verges
en osier auraient des écartements moindres que ceux
fixés par lesdits décrets selon les espèces;

7° D'employer pour la pêche des poissons de grosse
espèce des filets spécialement désignés pour la pêche
des poissons de petite espèce (Loi du 15 avril 1829,
art. 29);

8° De vendre, d'acheter, de transporter, d'exporter
et d'importer les diverses espèces de poissons pendant
le temps où la pêche est interdite (Loi du 31 mai 1865,
art. 5);

9° De prendre, colporter ou débiter des poissons
n'ayant pas les dimensions exigées par le décret du
10 août 1875 (Loi du 15 avril 1829, art. 30).

Sont exceptées de ces deux dernières dispositions les
ventes de poissons provenant des étangs ou réservoirs [1].
(*Id.* art. 30, et loi du 31 mai 1865, art. 5.)

---

[1] Le poisson saisi dans un marché comme n'ayant pas le
dimensions prescrites par les règlements doit être considéré
comme poisson de rivière, à moins que le prévenu ne prouve

Sont considérés comme délinquants les individus trouvés porteurs ou munis, hors de leur domicile, d'engins ou instruments de pêche prohibés, à moins que ces engins ou instruments ne soient destinés à la pêche dans les étangs ou réservoirs. (*Idem*, art. 29.)

Sont considérés comme des étangs ou réservoirs les fossés et canaux appartenant à des particuliers, dès que leurs eaux cessent naturellement de communiquer avec les rivières. (*Idem*, art. 30.)

La pêche du lac Léman et de la Bidassoa est soumise à des lois et règlements spéciaux. (Décret du 10 août 1875, art. 21.)

<h3 style="text-align:center">§ 2. Dispositions spéciales aux cours d'eau dépendant du Domaine public.</h3>

Les fermiers de la pêche et les porteurs de licences et tous pêcheurs en général, dans les rivières et canaux désignés dans les deux premiers paragraphes de la loi précitée, sont tenus d'amener leurs bateaux et de faire l'ouverture de leurs loges et hangars, bannetons, huches et autres réservoirs et boutiques à poisson, sur leurs cantonnements, à toute réquisition des agents et préposés de l'Administration de la pêche, à l'effet de con-

---

qu'il provient d'étangs ou de réservoirs. (Arrêt de cassation du 13 juin 1833.)

Le décret du 10 août 1875, article 4, dispose que quiconque, pendant la période d'interdiction de la pêche, transportera ou débitera des poissons provenant des étangs ou réservoirs, sera tenu de justifier de l'origine de ces poissons.

stater les contraventions qui pourraient être par eux commises aux lois et règlements sur la pêche. (Loi du 15 avril 1829, art. 34.)

Les contremaîtres, les employés du balisage et les mariniers qui fréquentent les fleuves, rivières et canaux navigables ou flottables, ne peuvent avoir dans leurs bateaux et équipages aucun filet ou engin de pêche, même non prohibé [1]. A cet effet, ils sont tenus de souffrir la visite, sur leurs bateaux et équipages, des agents chargés de la police de la pêche aux lieux où ils abordent. (*Idem*, art. 33.)

Les employés et préposés à la surveillance de la pêche doivent verbaliser contre les pêcheurs et autres personnes spécifiées ci-dessus qui, après une sommation faite au nom de la loi, refuseraient d'amener leurs bateaux ou de se soumettre aux vérifications dont il vient d'être parlé. (*Idem*, art. 34.)

Les fermiers et porteurs de licences ne peuvent user, sur les fleuves et rivières et canaux navigables, que du chemin de halage; sur les rivières et cours d'eau flottables, que du marchepied.

Ils doivent traiter de gré à gré avec les propriétaires riverains pour l'usage des terrains dont ils ont besoin pour retirer et asséner leurs filets. (*Idem*, art. 35.)

---

[1] Cette prohibition s'applique à tous ceux qui, n'étant ni fermiers ni porteurs de licences dans un cantonnement, y sont trouvés avec des filets dans leur bateau. (Cassation, 6 mars 1835, 19 février 1836 et 16 décembre 1836.)

CHAPITRE III.

CONSTATATION ET RÉPRESSION DES DÉLITS DE PÊCHE.

§ 1er. *Dispositions générales.*

Le Gouvernement exerce la surveillance et la police de la pêche dans l'intérêt général.

En conséquence, les agents spéciaux par lui institués à cet effet, ainsi que les gardes champêtres, éclusiers des canaux et autres officiers de police judiciaire [1] sont tenus de constater tous les délits spécifiés dans la section II ci-dessus, sous la rubrique de *Police de la Pêche.*

Ils peuvent également constater les infractions à la

---

[1] Tels que maires, adjoints, gardes forestiers, etc. (Code d'instr. crim., art. 9.)

Dans la partie des fleuves, rivières et canaux comprise entre les limites de l'inscription maritime et le point où cesse la salure des eaux, les infractions à la loi du 15 avril 1829, sur la pêche fluviale, ou aux règlements rendus en exécution de cette loi, sont recherchées et constatées, concurremment avec les officiers de police judiciaire et autres agents institués à cet effet, par les syndics des gens de mer, gardes maritimes et gendarmes de la marine.

Ces agents doivent transmettre leurs procès-verbaux au procureur impérial. (Décret du 27 novembre 1859.)

L'article 10 de la loi du 31 mai 1865 a attribué en outre la recherche et la constatation des délits de pêche, de vente et de transport de poissons aux agents des Douanes et aux employés des Contributions indirectes et des Octrois.

défense faite par l'article 5 de la loi du 15 avril 1829, de pêcher sans la permission de ceux à qui le droit de pêche appartient. (*Idem*, art. 36.)

Les procès-verbaux doivent être transmis, soit au ministère public près le tribunal de l'arrondissement, soit à l'agent local des Ponts et Chaussées, pour les faire parvenir au chef de service.

Les procès-verbaux dressés par les gardes et préposés commissionnés par l'Administration des Ponts et Chaussées doivent, dans le délai le plus bref, être transmis par la voie hiérarchique à l'Ingénieur en chef, qui les enverra au ministère public.

Les gardes établis aux frais des adjudicataires doivent remettre les procès-verbaux à l'agent local des Ponts et Chaussées, pour les faire parvenir au chef de service.

Les gardes-pêche nommés par l'Administration sont assimilés aux gardes forestiers domaniaux. (*Idem*, art. 37.)

Ils recherchent et constatent, par procès-verbaux, les délits dans l'arrondissement du tribunal près duquel ils sont assermentés[1]. (*Idem*, art. 38.)

Les gardes doivent spécifier toutes les circonstances de nature à faire apprécier le caractère des délits qu'ils constatent [2], et indiquer notamment s'ils ont eu lieu

[1] Ces procès-verbaux seront rédigés selon le modèle placé à la suite de la présente instruction.

[2] Ainsi, lorsqu'il a été pris du poisson, il est nécessaire d'en indiquer les espèces, les dimensions, le poids et la valeur approximative.

de nuit[1] et si les auteurs de ce délit se trouvent en état de récidive [2], (*Idem*, art. 69 et 70.)

Les gardes-pêche peuvent circuler librement sur les rives des cours d'eau dans les propriétés non closes, mais ils ne peuvent, sous aucun prétexte, s'introduire dans les maisons et enclos y attenant pour la recherche des filets prohibés. (*Idem*, art. 40.)

Ils peuvent néanmoins, avec l'assistance, soit du juge de paix, soit de son suppléant, soit du commissaire de police, soit du maire du lieu, soit de son adjoint, s'introduire dans les propriétés closes, attenantes à des habitations, pour constater les délits de pêche commis sur les cours d'eau qui les traversent. (Discussion de la loi à la Chambre des Pairs, *Moniteur* du 7 mai 1828.)

Ils sont autorisés à saisir les filets et autres instruments de pêche prohibés, ainsi que le poisson pêché en délit. (Loi du 15 avril 1829, art. 39.)

Les filets et engins de pêche qui ont été saisis comme prohibés ne peuvent, dans aucun cas, être remis sous caution. Ils sont déposés au greffe et y demeurent jusqu'après le jugement, pour être ensuite détruits. (*Idem*, art. 41.)

Les frais de transport de ces filets et engins sont ac-

---

[1] Le mot *nuit* doit s'entendre de l'intervalle entre le coucher et le lever du soleil. (Cass. 22 janvier 1829.)

[2] Il y a récidive lorsque, dans les douze mois qui ont précédé la perpétration du délit, il a été rendu contre le délinquant un premier jugement pour infraction en matière de pêche.

quittés d'urgence au bureau du receveur des Domaines, sur simple taxe ou mandat mis au bas du mémoire du porteur ou voiturier, soit par un juge, soit par un juge de paix, ou le maire du lieu, ou tout autre officier de police judiciaire. (Décret du 18 juin 1811, art. 133 et 134, §2.)

Le poisson saisi pour cause de délit est vendu sans délai, dans la commune la plus voisine du lieu de la saisie, à son de trompe et aux enchères publiques, en vertu d'une ordonnance du juge de paix ou de ses suppléants, si la vente a lieu dans un chef-lieu de canton, ou, dans le cas contraire, d'après l'autorisation du maire de la commune; ces ordonnances ou autorisations sont délivrées sur la requête des agents ou gardes qui ont opéré la saisie, et sur la présentation du procès-verbal régulièrement dressé ou affirmé par eux. Dans tous les cas, les ventes ont lieu en présence du receveur des Domaines, ou, à défaut, du maire ou adjoint de la commune et du commissaire de police. (Loi du 15 avril 1829, art. 42.)

(Dans le cas où la vente du poisson saisi ne pourrait pas être pratiquée, le poisson devrait être livré, sur récépissé, à l'établissement de bienfaisance le plus voisin, en vertu d'une ordonnance ou autorisation délivrée ainsi qu'il est dit ci-dessus.)

Les gardes-pêche ont droit de requérir directement la force publique pour la répression des délits en matière de pêche, ainsi que pour la saisie des filets prohibés et du poisson pêché en délit. (Loi du 15 avril 1829, art. 43.)

Les réquisitions à la force publique énoncent le motif en vertu duquel elles sont adressées : elles sont faites par écrit, datées et signées[1]. (Ordonnance du 29 octobre 1820, art. 56 et 58.)

(Cependant, en cas d'urgence, et s'il y avait péril en la demeure, le commandant ou agent de la force publique ne pourrait refuser d'agir sur une simple réquisition verbale, sauf à régulariser ultérieurement l'opération par une réquisition écrite.)

Les maris, pères, mères, tuteurs, fermiers et porteurs de licence, ainsi que tous propriétaires, maîtres et commettants, sont civilement responsables des délits commis par leurs femmes, enfants mineurs, pupilles, bateliers et compagnons, et tous autres subordonnés, sauf tous recours de droit. (Loi du 15 avril 1829, art. 74 ; Code civil, art. 1384.)

Les fermiers du droit de pêche sont responsables des personnes auxquelles ils ont délivré des permissions de chasse ou de pêche. (Cahier des charges du 2 septembre 1858, art. 20.)

Les gardes-pêche peuvent être déclarés responsables des délits commis dans leurs cantonnements et passibles des amendes et des indemnités encourues par les délinquants, lorsqu'ils n'ont pas dûment constaté les délits. (Loi du 15 avril 1829, art. 8.)

---

[1] Les réquisitions doivent être faites suivant le modèle placé à la fin de la présente instruction.

§ 2. *Des formalités auxquelles les procès-verbaux*
sont soumis.

Les gardes doivent écrire eux-mêmes leurs procès-
verbaux, les dater et les signer. Ils sont tenus de les
affirmer au plus tard le lendemain de leur clôture, par-
devant le juge de paix du canton ou l'un de ses suppléants, ou par-devant le maire ou l'adjoint, soit de la
commune de leur résidence, soit de celle où le délit a
été commis ou constaté ; le tout à peine de nullité.

Toutefois si, par suite d'un empêchement quelconque, le procès-verbal est seulement signé par le
garde-pêche, mais non écrit en entier de sa main, l'officier public qui en reçoit l'affirmation doit lui en donner
préalablement lecture, et faire ensuite mention de cette
formalité ; le tout sous peine de nullité du procès-verbal.
(*Idem*, art. 44.)

Dans le cas où le procès-verbal porte saisie, il en est
fait une expédition, qui doit être déposée dans les vingt-
quatre heures au greffe de la justice de paix, pour qu'il
en puisse être donné communication à ceux qui réclameraient les objets saisis. Le délai ne court que du moment de l'affirmation pour les procès-verbaux qui sont
soumis à cette formalité. (*Idem*, art. 46.)

Les procès-verbaux doivent, à peine de nullité, être
enregistrés dans les quatre jours[1] qui suivent celui de

[1] Lorsque le dernier jour du délai est un dimanche ou un
jour de fête légale, l'acte peut être enregistré le lendemain. (Loi
du 22 frimaire an VII, article 25.)

l'affirmation, ou celui de la clôture du procès-verbal, s'il n'est pas sujet à l'affirmation. L'enregistrement se fait en débet. (*Idem*, art. 47.)

§ 3. *Preuve des délits de pêche.*

Les délits en matière de pêche sont prouvés soit par procès-verbaux, soit par témoins, à défaut de procès-verbaux, ou en cas d'insuffisance de ces actes. (*Idem*, art. 52.)

Les procès-verbaux revêtus de toutes les formalités prescrites par la loi et qui sont dressés par deux agents ou gardes-pêche font preuve, jusqu'à inscription de faux, des faits matériels relatifs aux délits qu'ils constatent, quel que soit le montant des condamnations encourues. (*Idem*, art. 53.)

Les procès-verbaux revêtus de toutes les formalités prescrites, mais qui ne seront dressés et signés que par un seul agent ou garde-pêche, font, de même, preuve suffisante jusqu'à inscription de faux, mais seulement lorsque le délit n'entraînera pas une condamnation de plus de 50 francs, tant pour amendes que pour dommages-intérêts. (*Idem*, art. 54.)

Les procès-verbaux qui ne font pas foi jusqu'à inscription de faux font foi jusqu'à preuve contraire des faits qu'ils constatent.

§ 4. *Prescription.*

Les actions en réparation des délits en matière de pêche se prescrivent par un mois à compter du jour où les délits ont été constatés, lorsque les prévenus sont désignés dans les procès-verbaux.

Dans le cas contraire, le délai de prescription est de trois mois, à compter du même jour. (Loi du 15 avril 1829, art. 62.)

Ces dispositions ne sont pas applicables aux délits et malversations commis par les agents, préposés ou gardes de l'Administration dans l'exercice de leurs fonctions ; les délais de prescription à l'égard de ces préposés et de leurs complices sont les mêmes que ceux qui sont déterminés par le Code d'instruction criminelle. (*Idem*, art. 63.)

TABLEAU

des délits prévus et des peines édictées par les lois du 15 avril 1829 et du 31 mai 1865.

ARTICLES applicables.	NATURE DES DÉLITS.	AMENDES encourues.	PEINES À AJOUTER À L'AMENDE.
	LOI DU 15 AVRIL 1829.		
5.	Pêche sans autorisation......	20 à 100f	Confiscation (facultative) des filets et engins. — Restitution du prix du poisson. — Dommages-intérêts.
24.	Établissement d'un barrage ...	50 à 500	Dommages-intérêts. — Destruction du barrage.
25.	Drogues et appâts malfaisants.	30 à 300	Emprisonnement d'un à trois mois.
27.	Pêche en temps prohibé	30 à 200	
28 et 41.	Filets, engins et modes de pêche prohibés (1)........	30 à 100	Destruction des filets et engins saisis.
28.	Même délit en temps de frai..	60 à 200	*Idem.*
29.	Emploi, pour une autre pêche, de filets permis pour celle de poisson de petite espèce..	30 à 100	
29.	Même délit en temps de frai...	60 à 200	
29 et 41.	Port d'engins prohibés......	20	Confiscation et destruction des engins prohibés.
30.	Pêche, colportage et vente de poisson n'ayant pas les dimensions voulues.........	20 à 50	Confiscation du poisson.
31.	Emploi d'appâts prohibés.....	20 à 50	

(1) Les filets, engins et modes de pêche prohibés sont désignés dans le décret du 18 août 1875 et dans les arrêtés rendus conformément à ce décret.

ARTICLES applicables.	NATURE DES DÉLITS.	AMENDES encourues.	PEINES À AJOUTER À L'AMENDE.
	LOI DU 15 AVRIL 1829. (Suite.)		
33.	Détention de filets ou engins par les contre-maîtres, employés du balisage et mariniers...............	50ᶠ	Confiscation des filets.
33.	Refus, par les mariniers, de laisser visiter les bateaux...	50	
34.	Refus, par les fermiers, porteurs de licences et pêcheurs en général, de laisser visiter les bateaux et boutiques à poisson, etc.............	50	
41.	Refus, par les délinquants, de remettre les filets prohibés..	50	
69.	Délits commis en récidive.....	Amende double.	
70.	Délits commis la nuit........		
	LOI DU 31 MAI 1865.		
1 et 7.	Pêche en tout temps dans des parties réservées pour la reproduction		
5 et 7.	Vente, achat, transport, importation et exportation en temps prohibé	30 à 200ᶠ	Confiscation du poisson.
8.	Pêche et transport de frai de poisson ou d'alevin en temps prohibé...............		
7.	Délits commis soit en récidive, soit la nuit, soit par enivrement ou empoisonnement...	Amende double.	Emprisonnement de dix jours à un mois.
7.	Transport par bateaux, voitures ou bêtes de somme, du poisson pêché en délit.......		

EXTRAIT

DES ARRÊTÉS PRÉFECTORAUX (1)

RENDUS CONFORMÉMENT AUX ARTICLES 2, 6, 10, 13, 16, ET 19
DU DÉCRET DU 10 AOÛT 1875,

MODIFIÉ PAR CELUI DU 18 MAI 1878.

(1) On insérera, dans les pages laissées en blanc, les dispositions des arrêtés préfectoraux concernant le service de l'agent porteur du livret d'instruction.

MODÈLE DE PROCÈS-VERBAL DE DÉLIT.

(Circulaire ministérielle du 15 mars 1866.)

PONTS
ET CHAUSSÉES.

DÉPARTEMENT
d

POLICE DE LA PÊCHE.

N°
Visé pour valoir
timbre au droit de
en débet.

Cantonnement du
sieur

RIVIÈRE d

garde-pêche
à

PROCÈS-VERBAL DE DÉLIT.

L'an mil huit cent quatre-vingt , le du mois d
Nous soussigné à la résidence d
Certifions que, faisant notre tournée revêtu de nos insignes, et passant vers heures du sur la rive d
au lieu dit • situé sur le territoire de la commune
d

Nous avons (A)

(A) Indiquer les nom, prénoms, profession et demeure du délinquant.

Si le délinquant est mineur, le rédacteur fera connaître s'il habite ou
non avec son père, ou avec sa mère, ou avec son tuteur.

Si le délinquant est un homme à gages, indiquer les nom, prénoms
et domicile de son maître.

Si le délinquant est inconnu au garde, rédiger ainsi le procès-verbal :

« Nous avons trouvé un individu à nous inconnu, qui a déclaré être
« le sieur (nom, prénoms, domicile) ; d'après les renseignements que
« nous avons recueillis, nous avons reconnu que cette déclaration était

En foi de quoi nous avons dressé le présent procès-verbal à (B)   le   mil huit cent quatre-vingt

(*Signature.*)

« (exacte ou fausse). » (En cas de fausse déclaration, faire de nouvelles recherches et en indiquer les résultats.)

Mentionner le délit avec toutes les circonstances propres à le caractériser, telles que :

1° Le filet, l'instrument ou le moyen quelconque dont se servait le délinquant. Dire également, s'il y a lieu, si la maille du filet a la largeur prescrite par le décret du 10 août 1875;

2° Le mode de barrage de la rivière, tel que : des gords ou piquets, palissades, batardeaux, treillages, grillages ou filets tendus transversalement;

(Si le garde n'a point vu établir le barrage, il fera connaître les renseignements desquels il résulte que la personne qu'il désigne en est l'auteur.)

3° Les substances nuisibles employées : chaux, noix vomique, coque du Levant, noix de cyprès, musc, sciure de bois, etc.;

4° La nature et l'espèce du poisson pris.

En règle générale, le garde-rédacteur ne doit jamais oublier de requérir la remise et de déclarer la saisie de tout poisson pêché en délit, c'est-à-dire par l'un des moyens que la loi déclare prohibés; de même que, dans le cas où le délinquant n'avait pas le droit pêcher, il doit également requérir la remise ou déclarer la saisie des filets et engins défendus et même de ceux qui sont permis.

Aux termes de l'article 5 de la loi, il peut y avoir lieu à la confiscation des filets et engins de pêche; mais il y a toujours lieu à la restitution du prix du poisson pour fait de pêche sans autorisation.

(B) Indiquer la date exacte du procès-verbal. Le garde doit, autant que possible, et à moins de vérifications et recherches à faire, rédiger et clore son procès-verbal le jour même de la constatation du délit.

Les gardes-pêche affirmeront leurs procès-verbaux au plus tard le lendemain de la clôture desdits procès-verbaux, par devant le juge de paix

(c) Enregistré à   le   f°   case
Droit en débet :

AFFIRMATION.

Par devant nous

Est comparu le sieur   dénommé ci-dessus, lequel (ᴅ), après que lecture lui a été faite par nous du procès-verbal qui précède, l'a affirmé par serment sincère et véritable et a signé avec nous.

A   le   mil huit cent quatre-vingt

---

du canton ou l'un de ses suppléants, ou par devant le maire ou l'adjoint soit de la commune de leur résidence, soit de celle où le délit a été commis ou constaté, le tout sous peine de nullité.

(Extrait de la loi du 15 avril 1829, art. 44.)

(c) L'enregistrement en débet est de rigueur dans les quatre jours qui suivent celui de l'affirmation. (Art. 47 de la loi précitée.)

(ᴅ) Si, par suite d'un empêchement quelconque, le procès-verbal est seulement signé par le garde-pêche, mais non écrit en entier de sa main, l'officier public qui en recevra l'affirmation devra lui en donner préala-blement lecture; ensuite mention est faite de cette formalité, le tout sous peine de nullité du procès-verbal.

(Extrait de la loi du 15 avril 1829, art. 44.)

MODÈLE DE RÉQUISITION

À LA FORCE PUBLIQUE.

————————

Nous soussigné (nom, prénoms et qualité) requérons, en vertu des articles 25 du Code d'instruction criminelle et 43 de la loi du 15 avril 1829, M. le
Commandant de la gendarmerie (ou de la troupe de ligne) de   , de nous prêter main-forte à l'effet de   (indiquer le motif de l'emploi de la force publique).

Fait à   , le   mil huit cent quatre-vingt

(*Signature.*)

INSTRUCTIONS PRATIQUES

POUR

LE REPEUPLEMENT DES COURS D'EAU.

———

DIVISION DES POISSONS D'EAU DOUCE
EU ÉGARD A LEUR UTILITÉ.

Les poissons d'eau douce, au point de vue de l'économie générale, se divisent en deux catégories.

Les uns, au nombre desquels sont le *Chabot*, les *Loches* et la plupart des *Ables*, tels que le *Gardon*, la *Vandoise*, l'*Ablette*, le *Rotengle*, le *Véron*, etc., généralement très peu estimés et de petite taille, n'offrent pas de grandes ressources à la consommation publique.

Les autres, parmi lesquels se trouvent toutes les espèces de la famille des *Saumons*, les *Carpes*, la *Brème*, les *Perches*, la *Tanche*, le *Brochet*, l'*Anguille*, etc., entrent, au contraire, pour une grande part, dans le régime alimentaire de l'homme.

C'est à la propagation de ces derniers qu'il faut particulièrement s'attacher, en faisant concourir à ce résul-

9.

lat les fécondations, l'incubation, l'alevinage artificiels, les aménagements destinés à favoriser les pontes, à les rendre possibles là où elles n'auraient pas eu lieu, l'action protectrice des sujets reproducteurs, des lits de ponte, de l'alevin.

NATURE DES EAUX, EN RAPPORT AVEC CELLE DES ESPÈCES.

Pour opérer rationnellement et avec des chances de succès, les conditions de milieu qui conviennent à chaque espèce ne sont pas indifférentes à connaître.

En effet, toutes les eaux, toutes les natures de fond, toutes les températures ne sont pas également propres à la multiplication et au prompt développement de tous les poissons.

Milieu qui convient aux poissons d'hiver, comme le Saumon.

Les eaux vives, claires, crues, qui coulent sur des lits de sable, de cailloux, et dont la température, au moment des fortes chaleurs, ne s'élève pas au-dessus de 16 degrés, sont plus particulièrement favorables aux Saumons, aux Truites, aux Ombres.

Milieu qui convient aux poissons d'été, comme la Carpe.

Les poissons dits *poissons d'été*, comme la Carpe, la Tanche, la Brème, etc., ne prospèrent généralement point dans de pareilles conditions. Leur accroissement y est très lent, et leur reproduction à peu près nulle. Il faut à ceux-ci, aussi bien qu'à tous les *poissons blancs*, des eaux ordinairement grasses, tranquilles, reposant sur un fond vaseux ou marneux, et dont la température, pendant la saison d'été, s'élève à 20 degrés et au-dessus.

Les périodes de la reproduction, les conditions au milieu desquelles chaque espèce va frayer, ne sont pas moins nécessaires à connaître, soit pour prendre en temps opportun les mesures propres à favoriser les pontes, soit pour obtenir des sujets dont la maturation des œufs soit assez avancée pour opérer des féconda-tions artificielles.

Quoique la période de la *fraie*, pour chaque espèce, varie selon les climats, et même selon la précocité des saisons, on peut, cependant, la fixer d'une manière gé-nérale :

Période de la reproductio

D'octobre à janvier, pour les Truites, les Saumons, l'Ombre-chevalier, la Lotte commune ;

En février et mars, pour le Brochet ;

En avril et mai, pour le Barbeau, la Brème, la San-dre, l'Ombre commune, la Perche ;

De juin à la fin d'août, pour les Carpes, la Tanche, le Goujon.

Chaque espèce ne se reproduit qu'une seule fois dans l'année.

Les conditions au milieu desquelles ces divers poissons placent leurs œufs offrent presque autant de va-
riété que les époques de la ponte.

Ainsi les Truites, les Saumons, les Ombres les dépo-
sent et les enfouissent dans des fosses creusées par eux,
sur des bancs de cailloux, de gravier, lavés par des eaux
vives, fraîches et roulantes.

La Carpe, la Tanche, le Brochet les fixent aux herbes
qui croissent et flottent dans les eaux calmes et chaudes
des rives ou des petits fonds.

Le Barbeau, la Brême, le Goujon les dispersent sur
les fonds graveleux soumis aux courants.

Enfin, la Perche les pond en masse, sous forme de
bourse allongée, et les enlace aux racines, aux branchages submergés, aux végétaux aquatiques, qu'elle
rencontre dans les eaux tranquilles des gares des anses.

MULTIPLICATION DES POISSONS PAR LES PROCÉDÉS ARTIFICIELS.

Dans l'état de nature, les pontes des poissons sont
soumises à de nombreuses causes de destruction. Non
seulement les œufs peuvent être troublés et arrêtés dans
leur développement par suite de modifications accidentellement apportées au régime des eaux, mais encore
leur nombre est incessamment diminué par une foule
d'insectes, d'oiseaux aquatiques et surtout de poissons
qui les recherchent et s'en nourrissent. Aussi comprend-
on que la multiplication des espèces soit si peu en rapport avec leur excessive fécondité. Pour favoriser cette

multiplication, il faut donc soustraire les œufs à leurs
ennemis et aux causes qui peuvent les altérer: double
résultat que l'on obtient par la fécondation artificielle,
et les procédés qui s'y rattachent.

CONDITIONS DES ŒUFS ET DE LA LAITANCE PROPRES À LA FÉCONDATION.

Quelle que soit l'espèce que l'on veut multiplier artificiellement, on ne peut opérer avec succès si la laitance, chez le mâle, si les œufs, chez la femelle, ne sont
pas mûrs et sains.

Pour les obtenir dans de telles conditions, le meilleur
moyen est de s'emparer des sujets lorsqu'ils fréquentent
les frayères. Cependant, lors même qu'on les prend à
ce moment, la ponte n'est pas toujours tellement imminente qu'on puisse la provoquer immédiatement. Dans
ce cas, on met les poissons que l'on vient de capturer
dans des viviers, et quelques jours suffisent ordinairement pour amener les œufs et la laitance au degré de
maturation désirable.

Les œufs sont mûrs lorsqu'ils sont libres dans le
ventre de la femelle. Des signes, appréciables à l'extérieur, traduisent cette maturation. Le pourtour de l'anus
est rouge, gonflé, proémine sous forme de bourrelet,
et, dans beaucoup de cas, des œufs, descendus par
leur propre poids, sont engagés dans ce bourrelet et
s'y montrent par transparence. Le ventre est mou, cède

Caractères des œufs mûrs.

facilement à la pression, et l'on sent, à travers ses parois, les œufs se déplacer sous les doigts. Enfin, le plus léger effort, souvent même la simple suspension de l'animal, suffit pour provoquer la ponte.

Mais ces signes de maturation se manifestent aussi bien quand les œufs sont sains que lorsqu'ils sont altérés. On ne peut bien juger de leur état qu'après en avoir reçu quelques-uns dans un vase contenant de l'eau.

Caractères œufs sains.

Les œufs sains, au moment de leur chute, sont plutôt transparents qu'opaques; ils ont une teinte franche, et l'enduit visqueux qui les enveloppe ne blanchit pas au contact de l'eau.

Caractères œufs altérés.

Les œufs altérés ont des teintes louches, sont parfois totalement ou partiellement opaques. D'autres fois, avec une transparence extrême, il ont un noyau central plus ou moins volumineux, et la mucosité qui les entoure, ordinairement sanieuse, blanchit et trouble l'eau dans laquelle on les plonge.

Tenter la fécondation sur les œufs qui offrent de pareils caractères, serait peine perdue : il faut les rejeter.

Caractères de laitance mûre.

Chez le mâle, la laitance est mûre lorsque de légers frottements le long des flancs, ou seulement les efforts que fait l'animal en se débattant, en produisent l'écoulement.

Caractères de laitance saine.

Elle est saine, et dans de bonnes conditions, si elle a la couleur, la consistance et la fluidité de la crème.

La laitance que l'on obtient à l'aide de fortes pressions, qui sort par gouttes épaisses, difficiles à délayer dans l'eau, ayant une teinte jaunâtre ou rougeâtre, est altérée ou n'a pas toute sa maturité et, par conséquent, toute sa vertu fécondante. On doit également s'abstenir de l'employer.

Caractères de la laitance altérée.

Le succès dépend donc beaucoup ici du choix des sujets, et de l'état des œufs et de la laitance.

Il faut, autant que possible, n'opérer qu'avec des animaux vivants. Cependant on peut utiliser des poissons qui seraient morts depuis quelques heures, mais dont la laitance et les œufs offriraient les signes qui caractérisent les produits sains.

PROCÉDÉS DE FÉCONDATION ARTIFICIELLE.

Pour accomplir sûrement et rapidement la fécondation artificielle, il faut préalablement, et quelle que soit l'espèce, placer dans deux baquets pleins d'eau, d'un côté, les mâles, de l'autre, les femelles dont on va se servir.

Il faut aussi considérer si les œufs qu'on va féconder restent libres comme ceux des Saumons, des Truites; ou si, en tombant, ils se fixent aux corps étrangers, comme ceux des Carpes, de la Tanche, du Barbeau. Cette différence dans la manière dont les œufs se comportent en entraîne une dans le mode de procéder.

Dans le premier cas, voici comment on opère :
Après s'être pourvu d'un vase en faïence, en bois ou

Fécondation des œufs qui restent libres.

en verre, à fond large et plat, ou même d'un baquet
bien propre, on le remplit à moitié ou au tiers seulement d'une eau pure et limpide, à la température de 5
à 10 degrés pour les espèces dont il s'agit (Truites,
Saumons, Ombres). Cela fait, on s'assure d'une femelle, que l'on saisit des deux mains, mais de telle
sorte que la gauche corresponde à la tête et la droite
à la queue. Dès que l'on s'en est rendu maître, et qu'elle
ne se débat plus, on l'approche du vase et on la délivre
en lui pressant légèrement les flancs entre le pouce et
les autres doigts de la main droite, que l'on fait glisser
de la tête à la queue, autant de fois qu'il est nécessaire.

Il arrive parfois qu'une première tentative est sans
résultat; la femelle retient ses œufs par de violentes
contractions. Il ne faut, dans ce cas, rien brusquer,
mais attendre. Quelques secondes suffisent ordinairement pour faire cesser cet état spasmodique, et les
œufs coulent alors sans difficulté.

Cette première opération terminée, et après avoir
changé l'eau, si elle a été souillée par d'abondantes mu-
cosités ou par les déjections de la femelle, on saisit
immédiatement un mâle, et l'on extrait par le même
procédé quelques gouttes de laitance, dont on facilite
la dispersion sur les œufs en imprimant, soit avec la
main, soit avec une plume, soit même avec la queue du
poisson, une légère agitation à l'eau, qui doit prendre
alors une très faible teinte opaline.

Le même mâle fournit assez de semence pour féconder les œufs de plusieurs femelles.

Une minute environ de repos rend l'imprégnation suffisante, on lave les œufs en renouvelant plusieurs fois l'eau du vase qui les a reçus.

Toutes ces manœuvres peuvent être exécutées par une seule personne lorsque les sujets sont de petite taille ; mais des poissons de deux à trois livres réclament déjà l'assistance d'un aide, dont le rôle consiste à maintenir avec un linge, la queue de l'animal, afin d'en modérer les contractions.

Un aide et quelques fois deux sont également nécessaires pour des poissons de cinq à six livres et au-dessus. L'opérateur qui provoque l'expulsion des œufs ne le peut bien alors qu'en comprimant, d'avant en arrière, avec ses deux mains, les flancs de la femelle, qu'un premier assistant suspend par les ouïes, pendant qu'un deuxième lui saisit fortement la queue, pour prévenir tout mouvement brusque.

En général, les œufs que doit pondre une femelle pendant la saison mûrissent à la fois, se détachent simultanément de l'ovaire et sont simultanément aptes à être fécondés. Cependant les Saumons et les Truites, livrés à eux-mêmes, font des pontes successives et mettent plusieurs jours à frayer. Pour imiter ce qui se passe dans la nature, on devrait donc, après avoir obtenu d'une femelle et d'un mâle un certain nombre d'œufs et la quantité de semence nécessaire pour les féconder, laisser reposer les sujets dans un vivier, un jour au moins avant de renouveler l'opération. Mais ce que l'on peut faire impunément avec des poissons destinés au marché, et que l'on peut garder quelque temps dans d'étroits espaces, devient nuisible à ceux que l'on veut conserver comme reproducteurs. Des manœuvres réitérées les fatiguent, les altèrent et finissent par devenir fatales. Aussi est-il préférable de les délivrer de tous leurs œufs à la fois et de leur rendre immédiatement la liberté.

Si ces œufs sont trop abondants, ce qui arrive lorsque l'on a affaire à des femelles dont le poids est déjà de trois à quatre livres, il faut éviter de les recevoir tous dans un seul vase et de les *laitancer* en masse. On doit alors les répartir dans des vases distincts, par petits lots de trois à quatre mille, et faire des fécondations partielles.

Pour les œufs qui s'attachent aux corps sur lesquels ils tombent, comme ceux des Carpes, de la Tanche, etc., le mode de fécondation diffère un peu de celui qui vient d'être exposé.

Plusieurs baquets de capacité convenable, renfermant de l'eau à la température de 16 à 20 degrés, des plantes aquatiques ou de petits balais de bruyère, de brindilles, de chevelu de certains arbustes sont ici nécessaires, et trois personnes doivent concourir simultanément à la fécondation.

L'une saisit la femelle, et par la manœuvre indiquée plus haut la délivre d'une partie de ses œufs, l'autre prend en même temps le mâle, dont il exprime quelques gouttes de laitance, la troisième, enfin, reçoit les deux produits sur les touffes d'herbes, les bouquets de

Fécondation des œufs qui se fixent.

bruyère plongés dans le baquet, et favorise le mélange en agitant doucement ces touffes et en les retournant, pour que les œufs se fixent un peu partout.

Ici les fécondations sont nécessairement partielles; lorsqu'une touffe est convenablement garnie d'œufs, on passe immédiatement à un autre baquet, et on procède à la même opération, jusqu'à ce que les poissons dont on dispose soient à peu près épuisés.

Les fécondations des Carpes, des Tanches et de tous les poissons dont les œufs adhèrent, demandent, on le voit, plus de soins que celles des Saumons et des Truites, et ne donnent pas de moins bons résultats, lorsqu'elles sont bien faites.

Du reste, on peut multiplier ces poissons par un moyen plus simple et qui dispense d'avoir recours à la fécondation artificielle. Il suffit de mettre, à l'époque de la reproduction, dans des réservoirs, des fossés et même des mares, alimentés par des eaux naturelles, pures et chaudes, plusieurs couples adultes de l'espèce qu'on veut propager (Carpe ou Tanche par exemple), pour obtenir des pontes et des éclosions abondantes, surtout si l'on a soin de créer dans ces bassins des frayères artificielles, lorsque la végétation n'y fournit pas de bonnes conditions de ponte.

TRANSPORT DES OEUFS FÉCONDÉS.

Si les œufs fécondés artificiellement doivent subir leur incubation dans des appareils disposés d'avance sur les lieux mêmes ou dans le voisinage, on les verse directement dans ces appareils, au fur et à mesure que les opérations sont accomplies.

S'ils doivent parcourir de grandes distances avant d'arriver à destination, on les place alors dans des conditions qui, tout en atténuant les pertes, rendent le transport facile. Ces conditions varient selon l'état de la température et selon la nature des œufs.

Transport
des
œufs libres.

Pour les œufs libres et résistants, on a des boîtes en bois ou en fer-blanc, dans lesquelles on les met à sec, par couches superposées, entre de la mousse préalablement lavée et bien tordue. L'humidité qu'elle conserve après le lavage et la torsion est assez grande pour préserver les œufs de la dessiccation.

Dans le cas où l'on a à redouter la gelée, on enferme la boîte qui contient les œufs dans une boîte plus grande, et l'on comble les vides que ces deux boîtes laissent entre elles, soit avec de la mousse parfaitement sèche, soit avec du foin, de la sciure de bois, ou avec d'autres matières qui s'opposent à l'action trop directe du froid.

Transport
des
œufs adhérents.

Les œufs adhérents à des corps étrangers, comme ceux de la Carpe, du Gardon, etc., ne peuvent être transportés aussi loin que les œufs des Saumons ou des Truites. Le peu de résistance de leurs membranes les rendant trop accessibles à l'action délétère des corps environnants, il serait imprudent de leur faire supporter un voyage de deux à trois jours.

Si la distance qu'on doit leur faire parcourir est de quelques heures seulement, on emploie, pour leur transport, des seaux ou des baquets pleins d'eau, dans lesquels on plonge les corps auxquels ils adhèrent.

Si la distance est plus grande, on enferme, par petits paquets, dans une boîte, dans une bourriche, les corps qui supportent les œufs, en ayant la précaution de ne pas trop les entasser, pour éviter la compression, et d'entourer chaque paquet d'un linge mouillé simple ou double.

Les œufs agglutinés ensemble, tels que ceux de la Perche, sont plus délicats encore que ceux de la Tanche et de la Carpe, et demandent d'autres soins. Ce n'est plus entre des herbes ou des linges humides que leur transport doit se faire, surtout s'il ont une destination un peu éloignée, mais dans des bocaux ou des baquets remplis aux trois quarts d'une eau à la température de celle où s'est faite la récolte.

Transport des œufs agglutiné

INCUBATION DES OEUFS. — APPAREILS QU'ELLE NÉCESSITE.

Quel que soit le procédé à l'aide duquel on s'est procuré des œufs, que ces œufs soient libres, adhérents ou agglutinés, on doit se garder de les abandonner au hasard en plein cours d'eau ou dans des étangs. Il faut les mettre à l'abri des causes de destruction qui, dans la nature, frappent quelquefois des générations entières.

On y parvient en les plaçant dans des conditions particulières.

L'appareil à courant continu, formé de rigoles ou augettes en terre vernie, de 5o centimètres de long sur 15 de large et 10 de profondeur, dans lesquelles s'adapte une claie à baguettes de verre, convient parfaitement à l'incubation des œufs de Truite, de Saumon, d'Ombre, et donne les meilleurs résultats.

Cet appareil, qui est d'une parfaite innocuité, rend la surveillance facile, permet d'entretenir autour des œufs la propreté nécessaire à leur évolution, et se prête à toutes les combinaisons.

On peut le réduire à une seule rigole, alimentée par l'eau d'une fontaine, d'un tonneau, d'un récipient quelconque: on peut en multiplier les rigoles, les disposer par séries parallèles sur des échafaudages en forme de marchepied, ou les étager à côté les uns des autres, sur un double rang de gradins se correspondant comme les marches d'un double escalier.

Un petit filet d'eau, qu'un robinet règle à volonté, détermine, en tombant de rigole en rigole, un courant qui assure le régulier développement des œufs, si toutefois ces œufs ne sont pas entassés sur les claies. Une rangée, deux au plus, forment des couches convenables.

A défaut d'appareil de cette nature, on peut faire développer les œufs de Saumons, de Truites, d'Ombres dans de petits ruisseaux naturels, à fond caillouteux, à condition qu'ils y seront à l'abri de tout accident, et que l'eau, plutôt froide que chaude, ne sera ni très profonde, ni très courante.

Parmi les espèces de la famille du Saumon, il en est une, la *Féra*, qui habite les lacs et qui peut être acclimatée avec avantage dans les grands réservoirs des canaux, à cause de sa grande fécondité. L'incubation de ses œufs doit être traitée comme celle des œufs de Truite. On peut aussi les semer, comme du grain, sur des lits de cailloux et de gravier, dans des eaux peu profondes, ou, ce qui est préférable, les répandre sur les lits de mousse incomplètement immergés, dans lesquels la capillarité entretient une constante humidité.

Si l'on place ces mousses dans des appareils à éclosion l'eau devra s'écouler par l'ouverture pratiquée à la partie inférieure de l'extrémité opposée à celle par où entre le courant.

Lorsque l'éclosion est imminente, on ferme l'ouverture d'écoulement, l'auge se remplit et les jeunes poissons qui naissent peuvent alors se mouvoir librement.

Mais, au lieu de les laisser dans des appareils, comme on le fait pour les autres espèces de la même famille, il faut se hâter de les jeter dans les eaux que l'on veut ensemencer, parce qu'ils sont d'une nature vagabonde.

L'appareil à courant continu sert aussi à faire éclore les œufs adhérents, qui, comme ceux du Barbeau, ont besoin d'une eau courante pour se développer.

La température la plus convenable pour les œufs de Salmonidés, dans quelque condition qu'on les place, est

Température qui convient à l'incubation

des
œufs libres.

celle qui, offrant le moins de variations, se maintient entre 6 et 10 degrés au-dessus de zéro.

Incubation
des
œufs adhérents
dans
des récipients.

Quant aux œufs de Carpe, de Tanche, de Perche, de Brème, etc., leur incubation s'accomplit parfaitement et avec sécurité dans des cuves en bois ou de larges baquets bien propres, dans lesquels n'auraient point séjourné des substances délétères. On y immerge les plantes auxquelles ces œufs sont fixés, et l'on fait en sorte d'y

Température
qui
convient
à l'incubation
des
œufs adhérents.

maintenir l'eau à une température de 12 à 15 degrés pour les Perches, de 20 à 25 degrés pour les Carpes et les Tanches. Pour obtenir ce résultat, on ombrage les baquets avec une toile ou des branchages, si l'ardeur du soleil élève la température de l'eau au-dessus du degré convenable; on les couvre avec des planches ou des paillassons, si le froid de la nuit tend à l'abaisser trop.

Après l'éclosion, on verse les jeunes, avec l'eau qui les contient, dans le bassin ou le cours d'eau que l'on veut empoissonner.

Incubation
des
œufs adhérents
dans les
cours d'eau.

On peut encore employer avec succès, pour l'incubation des œufs adhérents, des mannes en osier, des boîtes à claire-voie, des paniers que l'on place, après y avoir renfermé les corps sur lesquels ces œufs sont fixés, dans les anses des rivières, les gares, les petits réduits naturels, où l'eau est calme, très peu profonde et d'une température favorable au développement de l'espèce.

Pour que ces engins ne soient pas entraînés ou déplacés, on les attache à une corde, qu'un pieu fixe au rivage.

L'ensemencement se fait ici de lui-même; les jeunes poissons, en éclosant, se dispersent aussitôt dans les eaux où leur développement s'est accompli.

DURÉE DE L'INCUBATION, SOINS À DONNER AUX ŒUFS DE SAUMON, ETC., PENDANT CETTE PÉRIODE.

La durée de l'incubation varie selon les espèces et selon la température des eaux. Dans les conditions normales, elle est de dix à quinze jours pour les œufs de Carpe, de Tanche et de Barbeau; de vingt jours environ pour ceux du Brochet et de l'Ombre commun; d'un mois et demi à deux mois pour les œufs de Truite, de Saumon.

Ces derniers, durant cette longue période, réclament quelques petits soins. Ainsi, tous les deux ou trois jours, on doit enlever avec des pinces les œufs qui ont blanchi. Ces œufs, étant frappés de mort, deviennent le siège d'une végétation parasite qui nuit aux autres lorsqu'on ne les retire pas. Il faut aussi, pendant les deux premières semaines, se garder de les agiter et surtout de leur faire subir un transport, quelque courte que soit la distance à parcourir. Le repos le plus complet leur est, dans les premiers jours, absolument nécessaire.

Soins qu'exigent les œufs de Saumon durant l'incubation.

10.

Plus tard, quand les formes du jeune poisson se des-
sinent bien, quand les yeux apparaissent comme deux
points noirâtres à travers la membrane externe, les
mouvements, l'agitation qu'on imprime aux œufs, n'ont
plus le même danger. On peut alors, s'il y a nécessité,
purger les appareils des sédiments que les eaux y auraient apportés, retirer les claies et leur contenu des
augettes, transborder les œufs d'une claie à l'autre.

Transport
des œufs en voie
de
développement.

C'est aussi cette période du développement qu'il faut
choisir pour les faire voyager. A cet effet, on procède
exactement de la même façon que pour les œufs libres
dont on vient d'opérer la fécondation. Disposés par
couches dans des boîtes, sur de la mousse humide, ils
parviennent sûrement à destination. Remis en incubation, après leur déballage, ils poursuivent leur évolution
et ne tardent pas à éclore.

SOINS À DONNER AUX JEUNES POISSONS APRÈS LA NAISSANCE.

En naissant, les jeunes poissons ne montrent pas tous
le même instinct.

La plupart de ceux dits *poissons blancs, poissons d'été*,
comme la Carpe, se dispersent presque aussitôt dans
l'eau et se dérobent par leur vivacité et leur petitesse à
toute espèce de protection. L'essentiel, pour ces espèces,
est que les eaux dans lesquelles on les fait développer
ou dans lesquelles on les jette, lorsqu'ils son nés ailleurs, leur offrent de bonnes conditions de sécurité, de
température et d'abri.

Les espèces de la famille des Saumons, *Fera* excepté, ont, au contraire, au sortir de l'œuf, une énorme poche, où *vésicule ombilicale,* qui les condamne à l'immobilité et les rend incapables de se soustraire par la fuite à la voracité de leurs ennemis. L'action de l'homme doit donc ici intervenir, et elle le peut d'une manière efficace en conservant pendant quelque temps ces espèces précieuses dans les appareils. On les y laisse dans le repos le plus absolu, à l'abri de la vive lumière et sans les nourrir; les éléments contenus dans l'énorme vésicule qu'ils portent fournissent à leurs besoins durant un mois environ. Lorsque cette vésicule est sur le point de s'effacer complètement, ce qui arrive vers la fin de la cinquième ou sixième semaine, on les retire alors des rigoles en terre, soit pour les mettre dans de petits ruisseaux, dans des bassins d'alevinage, préalablement purgés, autant que possible, de tout animal destructeur, soit pour les porter directement dans les pièces d'eau, les étangs, les rivières, qu'ils sont destinés à peupler.

MOYENS DE TRANSPORTER LES JEUNES POISSONS.

Le transport des poissons se fait avec d'autant plus de sécurité que les sujets sont plus jeunes.

Pour transporter les poissons qui ont perdu ou qui sont sur le point de perdre leur vésicule ombilicale, on se sert de bocaux de la capacité de deux à trois litres, enfermés dans des paniers à compartiments (des paniers à bouteilles, par exemple) et remplis aux deux tiers

Transport des poissons à la veille de perdre la vésicule ombilicale.

10..

d'une eau fraîche et limpide. Chaque bocal ne doit pas contenir plus de 500 à 600 sujets environ. On leur fait de la sorte parcourir de grandes distances et avec des pertes insignifiantes ou nulles si, pendant le voyage, on a le soin du renouveler de temps en temps une bonne partie de l'eau des locaux. Cette précaution est surtout nécessaire lorsque la température de l'air est élevée. Mais, dans ce cas, il est bon de se munir d'une provision de glace que l'on introduit successivement par petites portions dans les bocaux.

S'il s'agit de poissons qui ont déjà atteint la taille de 5 à 6 centimètres, les bocaux sont insuffisants. De petits tonneaux à large ouverture, bien dépouillés, par une longue macération, des substances nuisibles dont le bois aurait été pénétré, remplissent alors les conditions désirables. On les emplit à moitié environ d'une eau à basse température, que l'on renouvelle également durant le trajet, si cela est possible, ou que l'on aère de temps en temps à l'aide d'une pompe à jet continu, plongeant dans le tonneau et y rejetant l'eau. Plusieurs milliers de petits poissons peuvent de la sorte être emportés au loin.

On transporte aussi par le même moyen, mais en petit nombre seulement, des poissons d'assez grande taille.

L'Anguille est une des espèces d'eau douce dont la pêche peut fournir d'abondants produits. Sa chair est estimée, son accroissement rapide ; il importe de l'introduire en aussi grand nombre que possible dans les eaux qui en sont dépourvues. On le peut d'autant mieux qu'on la recueille à l'état d'alevin, auquel on donne le nom de *Montée*, en quantité prodigieuse. Cette récolte est annuelle et se fait dans tous nos fleuves aux syzygies d'avril et de mai.

Pour faire parvenir la *Montée* des lieux où s'en fait la pêche à ceux auxquels on la destine, le moyen qui a le mieux réussi jusqu'à ce jour est celui qui consiste à mettre les jeunes Anguilles à sec dans des paniers à mailles serrées, au fond desquels on étale un vieux linge ou du papier un peu fort, et que l'on emplit, sans trop la tasser, de paille bien imbibée à tige entière, à laquelle on associe quelques plantes aquatiques.

Des paniers ainsi organisés peuvent recevoir deux et même trois livres de *Montée* vivante, c'est-à-dire de 4,000 à 5,000 jeunes Anguilles (1).

AMÉNAGEMENTS PROPRES À FAVORISER LES PONTES
NATURELLES. — FRAYÈRES.

Concurremment avec ces moyens de propagation, l'action de l'homme doit encore intervenir, soit pour ménager les lits de ponte naturels, soit pour les multiplier artificiellement lorsqu'ils sont insuffisants, soit pour en créer lorsqu'il n'en existe pas ou qu'ils ont été détruits.

(1) Voir ci-après, page 155, une instruction spéciale pour la récolte et le transport de la montée de l'anguille.

10...

Ainsi, lorsqu'il y aura nécessité de draguer une partie de rivière que l'on sait être un lieu de reproduction pour les Truites ou pour toute autre espèce qui fraye dans les cailloux, il faudra ne faire l'opération qu'après les éclosions, et, si c'est possible, laisser pour les pontes ultérieures quelques réserves sur les points les plus favorables.

Il en sera de même pour la coupe des herbes dans les lieux où les poissons se rassemblent pour frayer. Cette coupe ne devra s'effectuer qu'après les pontes, et, s'il y a urgence de la pratiquer avant, on conciliera les exigences du service avec les intérêts de la reproduction, en laissant de distance en distance, sur les points les plus fréquentés par les poissons, les mieux protégés et les moins profonds, des massifs végétaux.

Dans les cours d'eau dépourvus de frayères naturelles, dans ceux où, par suite de travaux exécutés en vue des besoins de la navigation, elles ont été complètement supprimées, on supplée à ce défaut de conditions nécessaires à la reproduction par des frayères artificielles, que l'on établit un mois environ avant l'époque ordinaire des pontes.

L'organisation de ces frayères, leur position, les matériaux propres à leur construction, varient nécessairement selon l'espèce à laquelle elles sont destinées.

Pour les Saumons, les Truites, les Ombres, on choisit dans un ruisseau ou dans un bras de rivière, et à une petite profondeur, un fond solide dépourvu de vase, de végétation, lavé par une eau courante et limpide, et l'on couvre ce fond, sur une étendue de 2 à 3 mètres carrés, d'une couche de 10 à 20 centimètres de petits cailloux roulés, mêlés à du gravier. Les plus forts cailloux doivent avoir à peu près le volume du poing.

C'est aussi avec des cailloux un peu plus petits et du gravier, disposés par tas dans des courants modérés, que l'on prépare des lits de ponte au Barbeau et à d'autres espèces dont les œufs se fixent aux pierres.

Frayères
à Barbeau, etc

Quant aux frayères destinées aux Carpes, aux Tanches, et généralement à tous les autres poissons dont les œufs se collent aux herbes, on les établit, soit avec de simples gâteaux de gazon un peu dru, que l'on arrange côte à côte sous forme de prairie, soit avec des végétaux aquatiques, des joncs enlevés avec la terre qui les soutient et replantés par groupe sur le fond même des rivières, ou dans des caisses plates en bois; soit encore avec des lattes ou perches d'un mètre et demi à deux mètres de long, dont on compose une sorte de clayonnage auquel on attache des touffes d'herbes ou de racines, des bottes de bruyère, de menu bois ou de joncs, de manière à simuler de petits massifs.

Frayères
à Carpe, etc.

Ces frayères doivent être placées à de petites profondeurs, sur les bords en pente douce des anses, des gares bien exposées au soleil et dans des eaux tranquilles et chaudes. On leur donne une position oblique ou horizontale, selon que les localités le commandent,

et un lest en pierre sert à couler celles qui sont clayon-
nées.

Protection
des
frayères.
Les frayères, qu'elles soient naturelles ou artificielles,
attirent le poisson sur le même point et rendent sa cap-
ture abondante et facile : aussi est-ce sur elles que le
maraudage exerce particulièrement ses manœuvres cou-
pables. Pour en arrêter les effets dévastateurs, il faut,
partout où la surveillance ne peut s'exercer efficacement,
garantir les frayères et leurs abords, soit avec des frag-
ments de roche disséminés sur le fond, soit à l'aide de
pieux solidement piqués à la distance de quelques
mètres les uns des autres et armés de clous dans leur
partie saillante. Ce moyen rend impossible le jeu des
filets à jet, tels que l'*Épervier*, et annihile l'effet de la
Seine et autres filets traînants.

Mesures
générales
propres
à favoriser
et
à protéger
la reproduction
naturelle.
Pour compléter les mesures propres à assurer le repeuplement des cours d'eau, il faut enfin protéger la
reproduction naturelle, en facilitant aux poissons, à
travers les barrages, l'accès des lieux de ponte ; en veil-
lant à ce que les espèces ne soient ni pêchées, ni trou-
blées, au moment du frai; en éloignant des frayères tout
ce qui peut être nuisible aux œufs qui y sont déposés ou
aux jeunes qui viennent de naître.

Les canards, les oies, étant essentiellement destructeurs des œufs et du fretin, doivent être soigneusement
écartés, pendant la période des pontes au moins, des
cantonnements de reproduction.

INSTRUCTIONS

LA RÉCOLTE DE LA MONTÉE,

SON EMBALLAGE ET SON EXPÉDITION.

———

1° La pêche de la montée d'anguilles est effectuée par des hommes échelonnés le long des rives à terre ou dans des nacelles. On se sert de tamis circulaires, garnis de toile métallique, à mailles de deux millimètres ($o^m,oo2$) de côté. Ces tamis ont cinquante centimètres ($o^m,5o$) de diamètre et sont munis d'une manche de un mètre cinquante centimètres ($1^m,5o$) de longueur.

2° Chaque pêcheur est muni d'un réservoir en forme de caisse flottante en bois de sapin, pouvant contenir de 100 à 120,000 petites anguilles (fiig. I). Ces réservoirs ont 2^m, à $2^m,5o$ de longueur; $o^m,8o$ à 1^m de largeur et $o^m,45$ de hauteur. A l'avant, le fond se relève, sur le quart de la longueur totale, de façon à réduire la face de tête d'un tiers de sa hauteur. La caisse est couverte d'un plancher. Au-dessus de la partie du fond qui se relève, se trouve une ouverture fermée par une porte de $o^m,55$ sur $o^m,45$ environ, munie de charnières et d'un taquet de fermeture.

La caisse est lestée de façon à être toujours immergée jusqu'à deux ou trois centimètres du plancher de la surface supérieure. Les deux faces opposées de la tête et de la poupe sont garnies de treillages en fil de fer, de deux millimètres (0ᵐ,002), de maille. L'intérieur de la caisse et les treillages surtout, seront constamment tenus en état de propreté et nettoyés tous les jours, avec une brosse emmanchée, afin d'en enlever la crasse. On enlève aussi les anguilles mortes.

Les anguilles peuvent séjourner pendant 8 jours dans ces réservoirs sans inconvénient.

3° Quand les réservoirs sont remplis, on les amène au dépôt où se fait l'emballage.

Les expéditions se font dans des paniers ronds formés de lattes de chêne, d'osier ou de bois flexible et munis d'un couvercle (fig. II).

Les paniers seuls (et non le couvercle) sont garnis intérieurement d'une toile de fil bien close pour que l'anguille ne s'échappe pas. Ils ont 0ᵐ,35 de hauteur et et 0ᵐ,45 de diamètre et ne doivent pas recevoir plus de 4 à 5,000 anguilles chacun.

4° On procède à l'emballage de la manière suivante :

On plonge le panier dans la rivière pour en mouiller la garniture, ensuite on dépose dans le fond une couche d'herbes aquatiques très fines (cresson de fontaine, etc.), fraîches et non mouillées, qu'on trouve dans les fossés et rivières. Cette couche est maintenue par des menues branches de bois vert, placées dans toutes les directions et s'arcboutant contre les parois du panier. Puis on dis-

RÉSERVOIR À ANGUILLES.

Fig. 1.

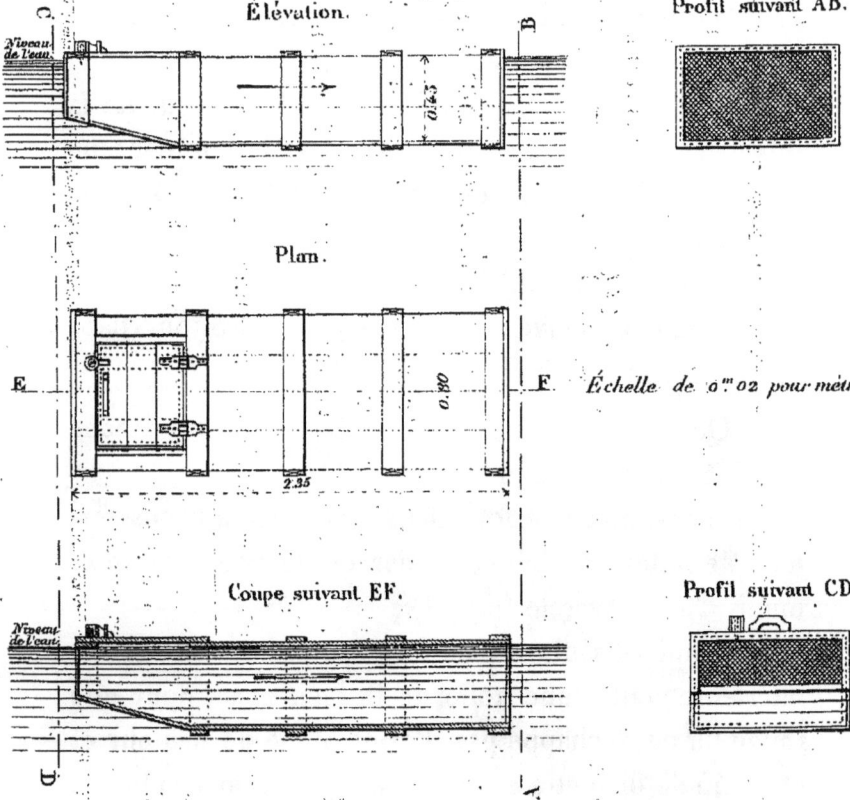

Élévation.

Profil suivant AB.

Niveau de l'eau.

Plan.

Échelle de 0ᵐ·02 pour mètre.

2.35

Coupe suivant EF.

Profil suivant CD.

Niveau de l'eau.

Fig. 2.

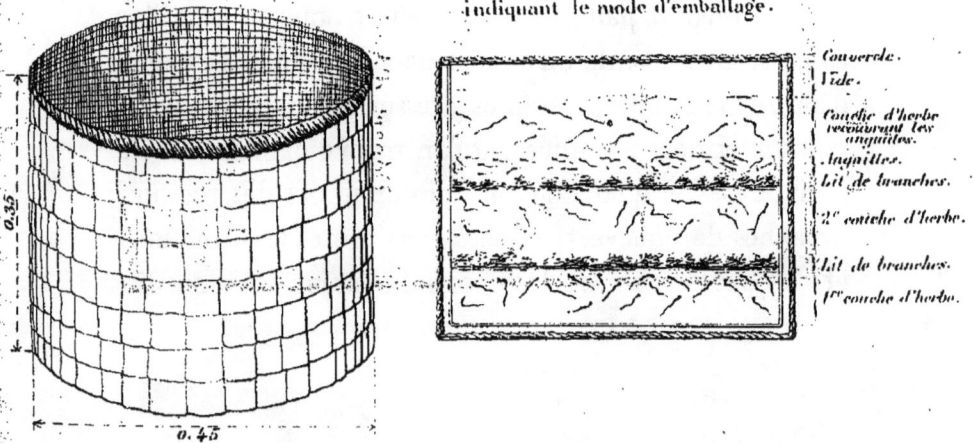

Panier servant à l'emballage des anguilles.

Coupe verticale d'un panier indiquant le mode d'emballage.

Couvercle.

Vide.

Couche d'herbe recouvrant les anguilles.

Anguilles.

Lit de branches.

2ᵉ couche d'herbe.

Lit de branches.

1ʳᵉ couche d'herbe.

0.45

		SERVICE
N°		ᴅᴇ ʟᴀ
DÉPARTEMENT		PISCICULTURE.
ᴅᴇ		
LA SOMME.		

PONTS ET CHAUSSÉES.

ENVOI de jeunes anguilles.

FRAGILE.

A. M. N , *à Péronne (Somme)*.

Départ d'Abbeville le   mai, à 8 h. 27 matin. — Arrivée à Amiens à 9 h. 45 matin.

Ligne d'Amiens à Tergnier.

Départ d'Amiens à 10 h. 05 matin. — Arrivée à Chaulnes à 11 h. 15 matin.

Ligne de Picardie et Flandre.

Départ de Chaulnes à midi 18 minutes. — Arrivée à Péronne à 1 h. 04 soir.

Le destinataire est prié de renvoyer de suite, *franco*, par grande vitesse, les mannes et leur garniture avec la présente adresse retournée à l'Ingénieur de l'arrondissement d'Abbeville.

Les anguilles doivent être mises à l'eau aussitôt après leur arrivée.

Fig. IV.

Verso.

Monsieur l'Ingénieur

à la résidence d'Abbeville

(Somme.)

pose une seconde couche d'herbes maintenue, comme la première, au moyen de branchages. Au-dessus de cette seconde couche, on verse les anguilles et l'on recouvre le tout d'une troisième couche d'herbes qu'on laisse libre. Le couvercle est ensuite solidement fixé au panier.

Les bois placés dans l'herbe ont pour effet d'empêcher celle-ci de se tasser, et aussi de conserver des vides dans lesquelles les jeunes anguilles peuvent circuler et se loger.

5° Chaque panier portera sur le couvercle une adresse indiquant, outre le nom du destinataire l'itinéraire que doit suivre l'expédition et les heures d'arrivée et de départ sur les différentes lignes du parcours. (Fig. III.) Ils seront expédiés en grande vitesse. Au-dessus de l'adresse, on collera une large bande de papier, portant, en grosses lettres, les mots « dessus, et fragile ».

6° Au moment de l'expédition, on enverra au destinataire une dépêche télégraphique indiquant le nombre de colis, le nombre d'anguilles, le jour et l'heure de l'arrivée (Par exemple : 6 colis, 24,000 anguilles arriveront Besançon, jeudi, 6 heures.)

INSTRUCTIONS

LES DESTINATAIRES DES ENVOIS.

1° Aussitôt reçu la dépêche annonçant l'expédition des anguilles, l'Ingénieur (en chef) prendra des mesures pour que les colis soient reçus, dès leur arrivée, par des agents qui en auront soin.

2° Les colis seront transportés immédiatement à leur lieu de destination. Si, pour cela, il faut leur faire opérer un parcours de plusieurs heures, surtout pendant les chaleurs du jour, on les plongera rapidement dans l'eau, sans les ouvrir, pour faire pénétrer un peu d'humidité et de fraîcheur dans l'intérieur; mais sans mouiller complètement les herbes de l'intérieur.

3° Arrivés au lieu de destination on plongera les paniers dans l'eau peu à peu et l'on enlèvera le couvercle sans toutefois que l'eau dépasse les bords de l'ouverture. On abandonne le tout à l'action de l'eau pendant un temps assez long pour ranimer les anguillules, ce dont il sera facile de s'assurer à l'inspection de l'intérieur.

4° On mettra à l'eau toutes les anguilles vivantes sans qu'il soit besoin de les distribuer en beaucoup d'endroits. Elles s'éparpilleront toutes seules, suivant leur

11

habitude quand elles remontent les cours d'eau. On comptera les morts, pour rendre compte des résultats et l'on notera toutes les particularités relatives à l'emballage ou à l'état général des colis, qui paraîtront dignes d'être relatées.

5° Les mannes seront immédiatement retournées franco et par grande vitesse à l'expéditeur.

Épinal, le 1er février 1881.

L'Ingénieur en chef
chargé de l'étude des questions générales
concernant la pêche,

Signé GAUCKLER.

ADJUDICATION DU DROIT DE PÊCHE

DANS

LES RIVIÈRES NAVIGABLES ET FLOTTABLES

ET

DANS LES CANAUX ET RIVIÈRES CANALISEES

APPARTENANT À L'ÉTAT.

(1)

CAHIER DES CHARGES.

CHAPITRE PREMIER.

ADJUDICATIONS.

ART. 1ᵉʳ. Conformément aux dispositions de l'article 1ᵉʳ du décret du 23 décembre 1810, aux lois des 15 avril 1829, 6 juin 1840 et 31 mai 1865, à l'ordonnance du 28 octobre 1840 et aux décrets des 29 avril 1862 et 25 mars 1863, il sera procédé à l'adjudication du droit de pêche et de chasse sur (2)

ainsi que sur les bras, noues,

---

(1) Désignation du fleuve, de la rivière, du canal.

(2) Désignation du fleuve, de la rivière, du canal, ainsi que des limites extrêmes de l'étendue totale mise en adjudication.

boires, fossés, chambres d'emprunt et dérivations qui en dépendent.

L'amodiation sera faite en [1] lots ou cantonnements, conformément aux indications du tableau placé à la fin du présent cahier des charges, et, en outre, aux clauses, charges et conditions suivantes, lesquelles concernent indistinctement tous les lots.

Art. 2. L'adjudication comprend, outre la pêche mobile, la pêche au moyen d'engins fixes, lorsque ce dernier mode de pêche aura été spécialement autorisé par des clauses particulières insérées au cahier des charges ou par des décisions ministérielles prises pendant la durée des baux [2].

Art. 3. L'adjudication aura lieu publiquement, soit sur soumissions au rabais, soit aux enchères à l'extinction des feux, sous la présidence du préfet, du sous-préfet ou du maire, avec le concours d'un agent des Ponts et Chaussées et d'un agent des Contributions indirectes [3].

Dans le cas où certains cantonnements n'auraient pas trouvé d'adjudicataire, l'amodiation sera remise séance tenante et sans nouvelles affiches au jour qui sera indiqué par le président.

---

[1] Indiquer le nombre de lots ou cantonnements.

[2] Les clauses particulières relatives aux pêcheries fixes sont insérées au chapitre VII dans un article spécial.

[3] Le décret du 25 mars 1863 a supprimé l'intervention de l'Administration des Domaines.

Art. 4. Ne pourront prendre part aux adjudications,
ni par elles-mêmes, ni par personnes interposées, directement ou indirectement, soit comme parties principales, soit comme associés ou cautions, aucune des
personnes désignées dans l'article 15 de la loi du
15 avril 1829 [1].

---

[1] Cet article est ainsi conçu : « Ne pourront prendre part aux
adjudications, ni par eux-mêmes, ni par personnes interposées,
directement ou indirectement, soit comme parties principales,
soit comme associés ou cautions :

« 1° Les agents et gardes forestiers et les gardes-pêche, dans
toute l'étendue du royaume, les fonctionnaires chargés de présider
ou de concourir aux adjudications, et les receveurs du produit de
la pêche, dans toute l'étendue du territoire où ils exercent leurs
fonctions.

« En cas de contravention, ils seront punis d'une amende qui ne
pourra excéder le quart, ni être moindre du douzième du montant de l'adjudication, et ils seront en outre passibles de l'emprisonnement et de l'interdiction qui sont prononcées par l'article 175
du Code pénal;

« 2° Les parents ou alliés en ligne directe, les frères et beaux-
frères, oncles et neveux des agents et gardes forestiers et gardes-
pêche, dans toute l'étendue du territoire pour lequel ces agents
ou gardes sont commissionnés.

« En cas de contravention, ils seront punis d'une amende égale
à celle qui est prononcée par le paragraphe précédent;

« 3° Les conseillers de préfecture, les juges, les officiers du ministère public et greffiers des tribunaux de première instance,
dans tout l'arrondissement de leur ressort.

Le fonctionnaire qui présidera la séance pourra, après avoir pris l'avis des membres du bureau, rejeter les offres des personnes qui ne lui paraîtront pas présenter des garanties de solvabilité suffisantes.

Art. 5. Les enchères seront de 2 francs au moins sur les estimations inférieures à 100 francs, et de 5 francs au moins sur les estimations supérieures à cette somme et n'excédant pas 200 francs; de 10 francs au moins pour celles de 201 à 1,000 francs; et de 25 francs pour celles au-dessus de 1,000 francs.

Art. 6. L'adjudicataire sera tenu de fournir, dans les cinq jours qui suivront celui de l'adjudication, une caution bonne et solvable, laquelle, après avoir été agréée, s'il y a lieu, par le fonctionnaire qui présidera la séance, de l'avis des membres du bureau, s'obligera, solidairement avec le preneur, à l'exécution de toutes les clauses et conditions du présent cahier des charges.

Art. 7. Faute par l'adjudicataire de fournir la caution exigée à l'article précédent, il sera déclaré déchu de l'adjudication par un arrêté du Préfet, et il sera procédé, dans la forme ci-dessus prescrite, à une nouvelle adjudication du cantonnement de pêche, à sa folle enchère.

« En cas de contravention, ils seront passibles de tous dommages et intérêts, s'il y a lieu.

« Toute adjudication qui serait faite en contravention aux dispositions du présent article sera déclarée nulle. »

L'adjudicataire déchu sera tenu de payer la différence entre son prix et celui de la nouvelle adjudication, sans pouvoir réclamer l'excédent, s'il en existe; il payera, en outre, les frais de la première adjudication.

ART. 8. L'adjudication ne sera définitive qu'après avoir été homologuée par le Préfet.

CHAPITRE II.

EXPLOITATION DE LA PÊCHE.

ART. 9. Les adjudicataires de plusieurs lots contigus auront la faculté, sous réserve de l'approbation ministérielle, de réunir ces lots, soit pour n'en former qu'un seul dont l'exploitation sera faite par l'un des adjudicataires, soit pour les exploiter en commun.

Dans l'un et l'autre cas, les adjudicataires des lots soit réunis, soit exploités en commun, demeureront solidairement responsables de toutes les clauses et conditions du présent cahier des charges.

ART. 10. L'adjudicataire aura la faculté, sur l'autorisation du Préfet, de s'adjoindre des cofermiers qui jouiront en commun avec lui de l'exercice de la pêche sur toute l'étendue du lot, sans qu'il soit permis de diviser le lot en parties exploitées exclusivement par un ou plusieurs des cofermiers.

Le nombre des cofermiers ne devra pas excéder la moitié du nombre des kilomètres correspondant à la longueur du lot.

L'adjudicataire aura la faculté d'accorder des permissions de pêche ou de chasse à des personnes agréées par l'Ingénieur en chef.

Il ne pourra être accordé plus de deux permissions de chaque espèce par kilomètre. Toutefois, aux permissions de pêche conférant la jouissance complète des droits qui lui appartiennent d'après le cahier des charges, l'adjudicataire est libre d'en ajouter un pareil nombre donnant uniquement le droit de pêcher avec des lignes autres que la ligne flottante tenue à la main.

Le nombre des permissions de pêche et de chasse est indépendant du nombre des cofermiers.

Chaque permissionnaire devra être porteur d'une permission revêtue du visa de l'Ingénieur en chef, et la présenter à toute réquisition des agents commis à la police de la pêche, sous peine d'être traité comme délinquant.

L'adjudicataire sera tenu de remettre à l'Ingénieur en chef l'état indicatif des noms, prénoms et domiciles des compagnons employés par lui et par ses cofermiers pour l'exploitation de la pêche.

Le nombre des compagnons ne pourra excéder deux par bateau. Les compagnons ne pourront exercer la pêche qu'en aidant ou accompagnant les fermiers, les cofermiers ou les permissionnaires.

Tout cofermier, permissionnaire ou compagnon qui, dans l'espace d'une année, aura encouru deux condamnations pour infraction aux lois et règlements sur la pêche ou sur la chasse, pourra être privé de la faculté de participer à la jouissance ou à l'exploitation des droits conférés aux adjudicataires.

Il est d'ailleurs formellement stipulé que l'adjudicataire reste seul obligé envers le Trésor public pour le payement du prix de son bail, et qu'il demeure solidairement responsable de toutes les infractions au présent cahier des charges ou à la police de la pêche qui pourraient être commises par ses agents et cessionnaires, à moins que le cessionnaire n'ait été agréé par le Préfet au moyen d'une homologation donnée dans les mêmes formes que celles prévues à l'article précédent.

Toute dérogation au présent article concernant le nombre des permissionnaires ou des compagnons devra être l'objet d'une approbation ministérielle.

ART. 11. L'adjudicataire usera des droits que lui confère le présent bail de manière à n'entraver ni la navigation ni la circulation sur les chemins de halage et francs-bords. Il devra notamment prendre toutes les précautions nécessaires pour ne gêner en rien les manœuvres aux écluses, barrages, pertuis et autres ouvrages d'art, et sera tenu, à cet égard, de se conformer aux ordres des agents de la navigation; il sera d'ailleurs responsable de tous retards, avaries et dommages qu'il ferait éprouver, soit aux trains et bateaux, soit aux haleurs et chevaux de halage, soit aux chevaux, voitures et bestiaux des exploitants des propriétés riveraines, des habitants des communes voisines en faveur desquels cette faculté de circulation aurait été réservée, et des amodiataires des produits des francs-bords.

Art. 12. L'adjudicataire n'aura droit à aucune indemnité ni réduction de fermages :

Pour perte de filets, agrès et apparaux par suite des grandes eaux ou de la débâcle des glaces;

Pour les chômages, vidanges ou abaissements d'eau qui arriveraient par accidents ou que nécessiteraient les réparations et constructions d'ouvrages, le sauvetage de bateaux ou de marchandises et toute autre cause concernant les besoins de la navigation ou du flottage;

Pour dégradations de filets et engins, perte de temps et de main-d'œuvre, ou pour tout autre dommage que lui occasionneraient les bateaux et trains stationnaires ou en marche;

Pour les atterrissements qui viendraient à se former dans la rivière ou le canal, dans les chambres d'emprunts, boires et dérivations, lors même que quelques parties de ces chambres et dérivations ne seraient plus susceptibles d'être pêchées;

Pour les dépôts de vase qui seraient faits sur les francs-bords ou dans les chambres d'emprunts à l'époque des curages.

Il subira, en un mot, sans indemnité, tous les inconvénients ou dommages qui proviendront pour lui, soit de cas de force majeure, soit du service de la navigation, soit des travaux d'entretien, de réparation et de reconstruction partielle du canal et de ses accessoires.

Toutefois, si les travaux troublaient la jouissance d'une manière considérable, l'adjudicataire, sans être admis à réclamer une indemnité ou une réduction sur le prix du bail, pourra demander la résiliation, qui, si elle est accueillie, courra du jour du dépôt de la demande, à moins qu'à cette époque les travaux ne soient terminés, auquel cas la demande sera considérée comme non avenue.

Dans les cas de vidange ou abaissements d'eau prévus au troisième paragraphe du présent article, l'adjudicataire, sans être admis à réclamer une indemnité ou une réduction sur le prix du bail, ou la résiliation de son marché, pourra, avec l'autorisation des Ingénieurs, pratiquer une pêche extraordinaire pour prendre le poisson qui se trouvera dans l'étendue de rivière ou de canal soumise à la vidange ou à l'abaissement.

Art. 13. L'adjudicataire, ses agents et cessionnaires ne pourront user que de [1]

Ils traiteront de gré à gré avec les propriétaires riverains pour l'usage des terrains dont ils auront besoin pour retirer et asséner leurs filets.

Art. 14. L'adjudicataire ne pourra vendre l'alevin provenant de son lot ainsi que des chambres d'em-

---

[1] Aux termes de l'article 35 de la loi du 15 avril 1829, les fermiers et porteurs de licence ne pourront user, sur les fleuves, rivières et canaux navigables, que des chemins de halage; sur les rivières et cours d'eau flottables, que du marchepied.

prunts, ou des frayères qui en dépendent, ni porter ailleurs cet alevin, sans l'autorisation écrite des ingénieurs, laquelle ne sera accordée qu'en vue de favoriser le repeuplement, soit d'une autre rivière ou canal, soit d'étangs ou de réservoirs dont la pêche appartient à l'État.

Art. 15. L'adjudicataire aura le droit, après s'être muni de permis de chasse, et en se conformant aux lois et règlements sur la chasse, de chasser les canards et autres oiseaux aquatiques dans l'étendue de son cantonnement.

Ce droit, qui s'applique exclusivement à la chasse du gibier d'eau, ne pourra d'ailleurs s'exercer sur les chemins de halage et francs-bords qui n'appartiennent pas à l'État, qu'avec l'assentiment des propriétaires riverains.

CHAPITRE III.

POLICE DE LA PÊCHE.

Art. 16. L'adjudicataire est soumis, tant pour la pêche mobile que pour les pêcheries fixes autorisées, à toutes les dispositions des lois des 15 avril 1829 et 31 mai 1865, sur la pêche fluviale, au décret réglementaire du 10 août 1875 et aux règlements d'administration locale faits ou à faire en conformité de ce décret.

Art. 17. Si, pendant le cours du bail, des changements quelconques étaient apportés aux lois des 15 avril 1829, 31 mai 1865 et au décret du 10 août 1875, les nouvelles dispositions légales ou réglementaires seront applicables au fermier, sans qu'elles puissent, sous aucun prétexte, donner ouverture à une demande d'indemnité. Le bail pourra seulement être résilié sur la demande de l'adjudicataire.

ART. 18. Les pêcheries fixes autorisées antérieurement au décret réglementaire du 10 août 1875 ne pourront être utilisées qu'après avoir été modifiées, en cas de besoin, pour être rendues conformes aux dispositions de ce décret.

ART. 19. Indépendamment de la surveillance et de la police de la pêche, exercées dans l'intérêt général par les gardes nommés par l'Administration et les éclusiers, cette surveillance et cette police pourront être exercées par des gardes particuliers commis à cet effet par l'adjudicataire. Ces gardes ne pourront remplir leurs fonctions qu'après avoir été agréés par le Préfet et avoir prêté serment devant le tribunal de première instance de leur résidence [1].

---

[1] Loi du 15 avril 1829, article 7. « Les préposés chargés de la surveillance de la pêche ne pourront entrer en fonctions qu'après avoir prêté serment devant le tribunal de première instance de leur résidence, et avoir fait enregistrer leur commission et l'acte de prestation de leur serment au greffe des tribunaux dans le ressort desquels ils devront exercer leurs fonctions.

« Dans le cas d'un changement de résidence qui les placerait dans un autre ressort en la même qualité, il n'y aura pas lieu à une nouvelle prestation de serment. »

Les gardes-pêche seront âgés de vingt-cinq ans au moins ; ils seront munis de leur équipement et de leurs insignes, conformément à l'arrêté ministériel du 2 mars 1866 [1] ; ils exerceront leurs fonctions et ils procéderont à la constatation des contraventions et délits conformément à ce qui est prescrit par les lois des 15 avril 1829 et 31 mai 1865.

Les gardes nommés par l'Administration et les gardes particuliers commis par l'adjudicataire remettront sans délai, à l'agent local des Ponts et Chaussées, les procès-verbaux des délits et contraventions qu'ils auront constatés, pour les faire parvenir par la voie hiérarchique au chef de service.

ART. 20. Les batelets employés par les adjudicataires à l'exploitation de la pêche porteront, à l'extérieur de la proue et des deux côtés, le mot « *Pêche* » et le numéro du cantonnement ; les lettres et le numéro auront au moins cinq centimètres de hauteur et seront inscrits en noir sur un fond blanc.

Ces batelets seront garnis d'une chaîne et d'un cadenas. Chaque soir ils devront être amarrés soigneusement dans l'emplacement désigné par l'Ingénieur, de manière qu'ils ne puissent gêner la navigation.

À moins d'en avoir été dispensé par une clause spéciale, chaque fermier sera tenu de placer à ses frais, en présence de l'agent local des Ponts et Chaussées et du

---

[1] Aux termes de cet arrêté, les agents doivent toujours être revêtus de leurs insignes dans l'exercice de leurs fonctions.

fermier du cantonnement inférieur, un poteau indiquant la limite et le numéro de son cantonnement.

ART. 21. Si, dans le mois qui suivra l'adjudication, ces poteaux n'étaient pas placés, ou si les bateaux ne portaient pas les indications dont il est fait mention à l'article précédent, les adjudicataires ou sous-fermiers qui auront négligé de remplir leurs obligations seront tenus de verser au Trésor public une somme de 2 francs par jour de retard, pour chaque contravention qui sera constatée par les agents de l'Administration.

En cas de refus régulièrement constaté, soit d'entretenir en bon état, soit de rétablir les poteaux indicateurs ci-dessus désignés, l'adjudicataire sera tenu au payement de ladite somme de 2 francs par chaque jour de contravention.

Le recouvrement des sommes qui pourront être dues au Trésor en vertu des dispositions qui précèdent aura lieu comme en matière de contributions directes.

ART. 22. Les procédés et modes de pêche interdits, ainsi que les filets et engins dont l'emploi est défendu, sont désignés dans le règlement général du 10 août 1875 et dans les règlements rendus pour l'exécution de ce règlement général.

La vérification de la dimension des mailles des filets et de l'espacement des verges sera faite conformément à la loi du 31 mai 1865 et au décret du 26 août 1865 [1].

---

[1] Loi du 31 mai 1865, article 9. « L'article 32 de la loi du 15 avril 1829 est abrogé en ce qui concerne la marque ou le

Art. 23. Les adjudicataires, leurs agents ou cessionnaires seront tenus d'amener leurs bateaux, et de faire l'ouverture de leurs loges, hangars et autres réservoirs et boutiques à poissons, à toute réquisition des agents de l'Administration, à l'effet de constater les contraventions qui pourraient être par eux commises au présent cahier des charges, et notamment aux dispositions des lois des 15 avril 1829 et 31 mai 1865.

Ceux qui s'opposeraient à cette visite ou refuseraient l'ouverture de leurs boutiques à poissons seront, par ce seul fait, punis d'une amende de cinquante francs. (Art. 34 de la loi du 15 avril 1829.)

Art. 24. Il est interdit de faire usage, pour déloger le poisson, de rames, perches ou autres instruments qui pourraient dégrader les rives, risbermes, radiers, maçonneries, tunages, enrochements, etc.

---

plombage des filets. Des décrets détermineront le mode de vérification de la dimension des mailles des filets autorisés pour la pêche de chaque espèce de poisson, en exécution de l'article 26 de la loi du 15 avril 1829. »

Décret du 26 août 1865, article 1er. « La vérification de la dimension des mailles des filets et de l'espacement des verges des nasses autorisées pour la pêche de chaque espèce de poisson s'effectuera au moyen d'un instrument en forme de pyramide quadrangulaire, portant à la surface des traits accompagnés de chiffres indiquant les longueurs des côtés des mailles correspondantes à chaque espèce. »

Art. 2. « Pour opérer la vérification, l'instrument sera introduit successivement dans plusieurs mailles prises au hasard. »

ART. 25. Les dégradations faites par les adjudicataires, leurs agents ou cessionnaires, aux terrassements et ouvrages d'art de toute nature, seront constatées par procès-verbaux des gardes, éclusiers et autres agents des Ponts et Chaussées, et la réparation avec dommages-intérêts, s'il y a lieu, en sera poursuivie conformément à ce qui est prescrit par les lois et règlements en matière de délits de grande voirie.

CHAPITRE IV.

DURÉE DU BAIL. — PRIX DES FERMAGES. — PAYEMENTS.

ART. 26. L'adjudicataire entrera en jouissance de son bail à partir du jour où son adjudication aura été homologuée par le Préfet; son bail finira le [1]

ART. 27. Indépendamment du prix du bail porté au procès-verbal de l'adjudication, chaque adjudicataire sera tenu de payer comptant, dans la caisse du receveur des Contributions indirectes:

1° A titre de remboursement des frais d'adjudication, un et demi pour cent du prix de son bail pour une année;

2° Les droits de timbre et d'enregistrement tant de la minute du procès-verbal d'adjudication que de l'expédition de ce procès-verbal et de celle du cahier des charges à lui délivrer [2].

---

[1] On fera concorder autant que possible les dates d'expiration des baux d'une même rivière ou d'un même canal.

[2] Voir la circulaire ministérielle du 1er décembre 1863, au

12

Art. 28. Le prix annuel des baux sera payé par trimestre et d'avance dans la caisse du receveur des Contributions indirectes dans le ressort duquel est situé le lot amodié, aux époques des 1er janvier, 1er avril, 1er juillet et 1er octobre.

L'adjudicataire ne sera tenu au payement du prix de son bail pour le premier trimestre qu'au prorata du temps qui devra s'écouler depuis le jour de l'entrée en jouissance constatée comme il est dit à l'article 26 jusqu'au premier jour du trimestre suivant.

Art. 29. Le procès-verbal de l'adjudication obligera l'adjudicataire, ses associés et cautions, tant pour le payement du principal de l'adjudication que pour accessoires et frais.

Les cautions seront, en outre, responsables solidairement.

Art. 30. Aucun délai de payement ne pourra être accordé ni aucune remise être faite sur le prix du bail, que par une décision ministérielle.

Les demandes de résiliation ou de réduction de fermages ne suspendront pas l'effet des poursuites pour le recouvrement des termes échus.

Art. 31. L'Administration se réserve la faculté de prononcer la résiliation du bail de tout adjudicataire qui aura laissé écouler un terme sans satisfaire à ses engagements.

---

sujet du mode de recouvrement des frais d'adjudication et des droits de timbre et d'enregistrement.

Dans ce cas, la résiliation pourra être provisoirement prononcée par le Préfet, sur la proposition du Directeur des Contributions indirectes et l'avis de l'Ingénieur en chef, mais elle ne sera définitive qu'après avoir été soumise à l'approbation du Ministre des Travaux publics.

ART. 32. Dans le cas où l'adjudicataire de pêcheries fixes autorisées ne serait pas le même que celui du dernier bail, le nouveau fermier payera à l'ancien, d'après l'estimation qui en sera faite de gré à gré ou par expertise contradictoire, le prix des filets, engins, ustensiles et établissements relatifs à l'exploitation de la pêche, à la charge par l'ancien fermier de justifier de ses droits, conformément à la décision du Ministre des Finances du 19 vendémiaire an XIII.

ART. 33. Le fermier n'aura droit à aucune indemnité ni réduction du prix de son bail au cas où d'anciennes pêcheries fixes seraient supprimées pendant la durée de ce bail, en vertu d'une décision ministérielle; mais il pourra demander la résiliation, qui courra du quinzième jour du dépôt de la demande.

Les appareils ou engins de pêche mis en mouvement par le courant de l'eau ou par une force mécanique quelconque seront disposés de manière qu'il y ait pour les poissons un passage libre autre que celui où se meuvent ces appareils ou engins dans les bras de rivière où ils sont autorisés[1].

[1] Voir l'article 14 du décret réglementaire du 10 août 1875.

Ces appareils ou engins devront chômer régulièrement au moins trente-six heures par semaine[1]. Ils ne
pourront d'ailleurs fonctionner pendant toute la durée
de la période d'interdiction de la pêche des poissons
qu'ils sont destinés à capturer.

CHAPITRE V.

COMPÉTENCE.

Art. 34. Les contestations qui pourraient s'élever
entre l'Administration et les adjudicataires, relativement
à l'exécution et à l'interprétation du présent cahier des
charges, seront portées devant les tribunaux ordinaires.
(Art. 4 de la loi du 15 avril 1829.)

Les contraventions aux lois, décrets et règlements
d'administration locale relatifs à la pêche seront constatées et poursuivies à la diligence des agents désignés par
les lois des 15 avril 1829 et 31 mai 1865, et par le
décret du 29 avril 1862, et conformément aux prescriptions de ces lois.

Les contraventions de grande voirie seront constatées
par procès-verbaux des agents des Ponts et Chaussées
et autres ayant qualité pour verbaliser; ces procès-verbaux seront déférés au Conseil de préfecture.

CHAPITRE VI.

CLAUSES SPÉCIALES.

Art. 35. Les réserves établies pour cinq ans par le
décret du 12 janvier 1875, afin de favoriser la repro-

---

[1] Voir l'article 12 du décret réglementaire du 10 août 1875.

duction du poisson, et dans lesquelles la pêche est interdite d'une manière absolue toute l'année, conformément à la loi du 31 mai 1865, ne font point partie des lots mis en adjudication. Elles sont indiquées dans le présent cahier des charges, à la suite de chaque lot, uniquement pour faire connaître les espaces dans lesquels il est défendu de pêcher.

A l'expiration de la période d'interdiction fixée par le décret précité du 12 janvier 1875, l'Administration pourra, soit proroger cette période par un nouveau décret, soit louer la pêche dans ces réserves, sans que les fermiers des lots de la présente adjudication puissent invoquer aucun droit de préférence en leur faveur.

Art. 36. Les fermiers seront tenus de poser et d'entretenir, aux deux extrémités des réserves destinées à la reproduction du poisson, des poteaux indiquant la défense de pêcher.

En cas de retard ou de refus dans la pose ou le rétablissement de ces poteaux, il y sera procédé d'office, dans les formes indiquées à l'article 21 ci-dessus.

L'Administration assurera autant que possible une communication libre en tout temps entre les bras de la rivière affermés et ceux affectés aux réserves.

Art. 37. Les distances de 30 mètres en deçà desquelles la pêche est interdite d'une manière absolue et pendant toute l'année, avec tout autre engin que la ligne flottante tenue à la main, tant à l'amont qu'à l'aval des écluses de navigation et des barrages, en vertu de

l'article 15 du décret du 10 août 1875, seront indiquées au moyen de poteaux posés et entretenus aux frais
des fermiers dans les conditions des articles 21 et 36
ci-dessus.

ART. 38. Les adjudicataires devront chercher à propager dans leurs cantonnements respectifs les poissons
les plus utiles et en rapport avec la nature des eaux.

Ils établiront pour cela des frayères artificielles, si
les frayères naturelles sont insuffisantes. Ils seconderont
les employés de l'Administration dans les fécondations
artificielles. Ils devront transporter à leurs frais des
œufs fécondés naturellement ou artificiellement aux endroits favorables à leur incubation et à leur develop-
pement. Ils devront aussi transporter à leurs frais, soit
des alevins, soit des poissons adultes dans les parties des
cours d'eau ayant besoin d'être repeuplées.

Pour toutes ces opérations, ils se conformeront aux
instructions pratiques sur le repeuplement des cours
d'eau publiées par les soins de l'Administration et dont
un exemplaire leur sera remis avec le cahier des charges
de l'adjudication. Ils se conformeront d'ailleurs aux
ordres de service qui leur seront donnés par les Ingénieurs, à l'égard des lieux où les opérations devront s'ef-
tuer, ainsi que des mesures à prendre pour régulariser
les opérations faites en temps de pêche prohibée [1].

---

(1) Loi du 31 mai 1865, art. 6. « L'Administration pourra
donner l'autorisation de prendre et de transporter, pendant le
temps de prohibition, le poisson destiné à la reproduction. »

Toutes les opérations faites en vertu d'ordres de service seront mentionnées dans les procès-verbaux dressés en double expédition et signés par les adjudicataires, ainsi que par les agents locaux des Ponts et chaussées. On y indiquera les quantités d'œufs et de poissons, les lieux de provenance et de destination, et les résultats obtenus, lorsqu'ils auront pu être constatés.

Art. 39. Les adjudicataires veilleront à l'exécution des règlements relatifs aux manœuvres des vannes des usines dans l'intérêt de la pêche. Ils s'assureront si les eaux sont dirigées aux époques prescrites dans les passes ou échelles réservées pour les poissons. En cas d'infraction, ils avertiront les agents des Ponts et Chaussées.

Dans le cas où, pendant la durée du bail, l'Administration ferait établir des échelles à poissons dans le barrage situé à la limite supérieure du lot, l'amodiataire ne sera admis à réclamer de ce chef aucune indemnité. Il aura droit seulement à la résiliation de son fermage.

Art. 40. L'Administration se réserve la faculté, sur la demande des adjudicataires, pourvu qu'il n'en résulte aucun inconvénient pour la navigation, de prescrire des manœuvres d'eau, et des pêches extraordinaires, pour détruire certaines espèces, dans le but d'en propager d'autres plus précieuses, conformément à l'article 18 du décret du 10 août 1875.

Ces pêches extraordinaires seront faites en présence

Art. 8. « Les dispositions relatives à la pêche et au transport des poissons s'appliquent au frai du poisson et à l'alevin. »

d'un agent de l'Administration, par les soins et aux frais des fermiers qui jouiront des produits récoltés des espèces à détruire et devront rejeter à l'eau les poissons des autres espèces.

Ces pêches ne pourront avoir lieu plus d'une fois par mois dans un même intervalle de rivière ou de canal.

Art. 41. Les adjudicataires de plusieurs cantonnements contigus d'une même rivière ou d'un même canal pourront se réunir à l'effet de former des associations syndicales libres, pour concourir à frais communs, soit à la construction ou à l'entretien des échelles à poissons, soit à une surveillance plus efficace, et pour convenir entre eux des moyens d'exploitation les plus avantageux dans les conditions du présent cahier des charges. Ils pourront aussi proposer un règlement qui déterminera si la pêche sera faite, pendant certains jours, simultanément ou bien à tour de rôle, de telle sorte que les fermiers ne puissent point se porter préjudice les uns aux autres.

Les actes constitutifs de ces associations et les mesures prises par elles devront être approuvées par le Ministre des Travaux publics.

Art. 42. Lorsque les adjudicataires disposés à former une association syndicale libre seront au nombre de quatre au moins et n'auront point obtenu l'adhésion d'un seul fermier intercalé dans leurs lots, l'Administration aura le droit de prononcer la résiliation du marché de ce fermier après une mise en demeure, puis de procéder à une nouvelle adjudication avec condition pour le nouveau fermier de faire partie du syndicat.

CHAPITRE VII.
CLAUSES PARTICULIÈRES ET LOCALES.

ART. 43. Les lots à adjuger et les espaces réservés pour la reproduction du poisson sont désignés au tableau suivant (1), sans garantie de mesure de chaque cantonnement.

Tableau des lots à adjuger et des parties réservées.

NUMÉROS.	DÉSIGNATION DES LOTS À ADJUGER et des parties réservées où la pêche est interdite.	LONGUEUR.	MISES à prix.	OBSERVATIONS.

NOTA. A la suite de la désignation de chaque lot, on indiquera les réserves pour la reproduction du poisson, leurs limites et leurs longueurs.
On ne fera figurer dans ces réserves que celles établies par des décrets conformément à la loi du 31 mai 1865.

(1) Une affiche spéciale indiquera, en outre, le jour et l'heure de chaque adjudication, le lieu où elle sera passée, le fonctionnaire qui présidera la séance.

CHAPITRE VIII.

DISPOSITIONS TRANSITOIRES.

Art. 44. La disposition prévue à l'article 32 ci-dessus est applicable aux filets, engins, instruments et bateaux servant à l'exploitation de la pêche mobile, mais seulement pour le renouvellement des baux actuellement en vigueur.

En conséquence, l'adjudicataire du présent bail ne jouira pas de la même faculté à l'égard du fermier qui le remplacera.

Versailles, le 15 novembre 1875.

Approuvé:

Le Ministre des Travaux publics,

E. CAILLAUX.

CIRCULAIRE DU 15 NOVEMBRE 1875

SUR

LE CAHIER DES CHARGES PRÉCÉDENT.

———

Versailles, le 15 novembre 1875.

Monsieur le Préfet, j'ai l'honneur de vous transmettre le nouveau cahier des charges destiné à servir de base à l'adjudication du droit de pêche dans les cours d'eau administrés par l'État.

Ce cahier des charges, adopté en Conseil général des Ponts et Chaussées, a été mis en harmonie avec les prescriptions du décret du 10 août 1875, qui remplace celui du 25 janvier 1868 portant règlement général sur la pêche fluviale.

Quelques articles de l'ancien cahier des charges n'ont été modifiés qu'au point de vue de la rédaction, afin d'en rendre le texte plus clair et plus précis; les dispositions suivantes paraissent seules appeler une justification.

Les articles 1 et 2 du nouveau modèle ne sont que la reproduction des dispositions de l'ancienne formule qui, énoncées sous forme de préambule, semblaient ne point faire partie des clauses mêmes du cahier des

Articles 1 et
du
nouveau mod

charges. Pour éviter toute difficulté d'interprétation à cet égard, ces dispositions ont été converties en articles.

Article 4. Aux termes de l'ancien cahier des charges, le Président seul du bureau de l'adjudication avait le pouvoir de rejeter les offres des personnes qui ne lui paraissaient pas présenter des garanties suffisantes de solvabilité, tandis qu'il est d'usage que le Président consulte les membres composant le bureau. Ce paragraphe a été rectifié en conséquence.

Article 6. Dans le même ordre d'idées, le fonctionnaire présidant la séance d'adjudication doit prendre également, avant d'agréer la caution, l'avis des membres du bureau.

Article 9. Cet article est nouveau; il consacre une mesure destinée à exercer, dans beaucoup de cas, une influence salutaire sur le produit de la pêche, en permettant aux adjudicataires de plusieurs lots contigus de se réunir pour une exploitation en commun.

L'expérience semble avoir démontré que la division des cantonnements de pêche en grand nombre de lots, adoptée dans un but fiscal, conduit au dépeuplement. En Angleterre, pays le plus avancé sous le rapport de la culture des eaux, l'exploitation de la pêche est faite de la façon la plus fructueuse, soit par des concessionnaires jouissant d'une étendue d'eau considérable, soit par l'association obligatoire des intéressés. Ces deux moyens semblent les meilleurs pour prévenir une pêche trop intense. Tel est le but de l'article 9, donnant à plusieurs adjudicataires la faculté de réunir leurs lots.

Cet article est la reproduction de l'article 7 de l'ancien cahier des charges. Toutefois, on y a ajouté la condition que les sous-locations du bail doivent être autorisées par le Préfet. Article 10.

Le même article consacre, d'ailleurs, une disposition analogue à celle en vigueur pour l'adjudication de la chasse dans les forêts de l'État. Ainsi le fermier sera libre de s'adjoindre des cofermiers, en vue de l'exploitation en commun de l'exercice du droit de pêche, sans toutefois que ce droit soit attribué exclusivement à un ou plusieurs des cofermiers.

Enfin, dans certains cas tout à fait exceptionnels dont l'Administration reste juge, il sera possible d'augmenter le nombre des permissionnaires et des compagnons.

Cet article laisse aux Ingénieurs la faculté d'autoriser le fermier à pratiquer une pêche extraordinaire, lors des abaissements d'eau nécessités par les travaux, afin de ne point laisser périr le poisson. Article 12.

Le même article dispose que, dans le cas où l'adjudicataire serait troublé d'une manière considérable dans son exploitation, il pourra solliciter la résiliation de son bail; cette résiliation, si elle est accueillie, courra à partir du jour de la demande, au lieu de dater, comme autrefois, du vingtième jour qui suit cette demande.

Article 14.   L'ancien cahier des charges n'autorisait le fermier à pêcher de l'alevin qu'autant qu'il provenait des chambres d'emprunts ou des frayères et qu'il était employé dans la rivière ou le canal dont le lot faisait partie. Il a semblé plus rationnel de permettre de prendre l'alevin dans l'étendue entière du lot et même d'en autoriser l'emploi dans d'autres rivières et canaux où le droit de pêche appartient à l'État.

Article 17 (nouveau).   Cet article prévoit le cas où les changements apportés aux lois et au règlement en vigueur lors de l'adjudication causeraient un trouble de jouissance assez notable pour faire éprouver au fermier un dommage de nature à entraîner la résiliation, sans toutefois donner ouverture à indemnité ou à une réduction du prix du bail.

Article 18 (nouveau).   Les pêcheries fixes sont assujetties à des autorisations ministérielles. Les anciennes pêcheries ne peuvent être utilisées par le fermier entrant qu'autant qu'elles seront rendues conformes aux dispositions du nouveau décret réglementaire du 10 août 1875.

Article 22.   Cet article a été mis en harmonie avec les prescriptions réglementaires du décret du 10 août 1875, concernant les filets, engins et modes de pêche prohibés.

Article 32.   Le fermier entrant était tenu de reprendre, sur estimation, les engins servant à l'exploitation des pêcheries

fixes, à la charge par le fermier sortant de justifier de
ses droits. Cette obligation ne pourra s'étendre qu'aux
engins rendus conformes anx nouvelles prescriptions réglementaires.

La résiliation, en cas de suppression d'anciennes pê- *Article 33*
cheries fixes pendant la durée du bail, courra désormais
à partir du quinzième jour du dépôt de la demande au
lieu du vingtième jour.

Indépendamment du chômage hebdomadaire de
trente-six heures auquel sont assujettis les appareils ou
engins de pêche mis en mouvement par le courant de
l'eau ou une force mécanique quelconque, il est expressément stipulé que ces appareils ou engins ne pourront
fonctionner pendant toute la durée de la période d'interdiction de la pêche des poissons qu'ils sont destinés
à capturer.

Cet article recommandait la réunion en assemblée *Article 3 de l'ancien cal des charges. Suppressio*
annuelle des fermiers des divers cantonnements d'une
même rivière ou d'un même canal, ou même de plusieurs rivières ou canaux d'un même bassin, pour émettre
des vœux ou formuler des propositions sur les améliora-
tions susceptibles d'être introduites, soit dans le repeuplement des cours d'eau, soit dans l'exploitation de la
pêche, ainsi que sur les mesures propres à réprimer
plus efficacement les abus ou les délits.

J'ai reconnu, avec le Conseil général des Ponts et
Chaussées, que cette disposition n'était pas de nature à

trouver place dans le cahier des charges. Elle en a donc
été retranchée. J'attache cependant du prix à ce que
MM. les Ingénieurs n'en favorisent pas moins de tout
leur pouvoir ces réunions, qui constitueraient une sorte
d'enquête pouvant éclairer l'Administration sur les meil-
leures méthodes d'exploitation. Une mesure analogue
est pratiquée en Angleterre avec un plein succès. Les
commissaires nommés par le Gouvernement pour veiller
à l'application des lois et règlements sur la pêche con-
voquent, dans leurs tournées, les associations des propriétaires ou des exploitants de la pêche, dans les assemblées générales où l'on discute les questions qui
exigent une solution.

Article 35
(nouveau).

Des réserves destinées à favoriser la reproduction du
poisson ont été établies dans les différents bassins, par
application de la loi du 31 mai 1865.

L'expiration du délai de cinq ans fixé pour l'interdiction absolue de la pêche dans ces réserves n'a pas
toujours concordé avec la fin des baux en vigueur. Des
difficultés se sont élevées entre les fermiers de l'Administration sur la question de savoir si les emplacements
réservés faisaient ou non partie des lots amodiés. Afin
d'éviter toute incertitude, il est formellement énoncé
que les réserves créées en vertu de la loi du 31 mai
1865 ne font point partie des lots mis en adjudication.

Article 41.

Cet article a pour but d'encourager la formation d'associations syndicales entre fermiers, afin de les mettre

à même de s'entendre entre eux sur les moyens d'exploitation les plus avantageux, notamment au point de vue des méthodes de pêche. L'exploitation, telle qu'elle se fait le plus généralement aujourd'hui, en laissant chaque fermier libre de pêcher aussi fréquemment que cela lui convient, est funeste au repeuplement.

Au cas où l'adjudicataire d'un lot intermédiaire refuse de participer à l'association, alors que les autres fermiers sont consentants, il est utile de vaincre sa résistance en résiliant son marché après une mise en demeure régulière.

Article 4 (nouveau

On a ajouté au tableau des lots à adjuger et des réserves la condition que l'on fera seulement figurer au cahier des charges les réserves établies par des décrets, selon la loi du 31 mai 1865.

Article 5

En résumé, les dispositions du nouveau cahier des charges qui s'écartent légèrement de la voie suivie jusqu'à ce jour ne sauraient soulever de difficultés si on les applique avec circonspection. Elles semblent appelées à favoriser la conservation du poisson et à rendre plus fructueuse l'amodiation des cours d'eau administrés par l'État. A ce double titre, elles se recommandent tout spécialement, Monsieur le Préfet, à votre sollicitude et à celle de MM. les Ingénieurs.

Vous voudrez bien, après vous être concerté avec ces derniers, prendre immédiatement les mesures nécessaires pour que les baux de pêche de votre département, qui expirent le 31 décembre prochain, soient réadjugés d'après le nouveau cahier des charges ci-joint. La durée de la nouvelle amodiation me semblerait devoir être fixée à neuf ans. Il est bien entendu qu'aucune modification ne devra être apportée à ce cahier des charges sans avoir au préalable, été soumise à l'Administration.

Je vous prie de m'accuser réception de cette circulaire, dont j'envoie ampliation à MM. les Ingénieurs en chef.

Recevez, Monsieur le Préfet, l'assurance de ma considération la plus distinguée.

Le Ministre des Travaux publics,

Signé : E. CAILLAUX.

Pour ampliation :

Le Conseiller d'État,
Directeur général des Ponts et Chaussées
et des Chemins de fer,

Signé : DE FRANQUEVILLE.

TABLE DES MATIÈRES.

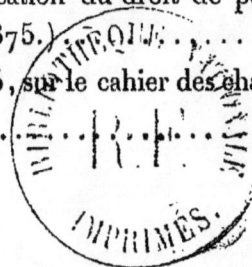

www.ingramcontent.com/pod-product-compliance
Lightning Source LLC
Chambersburg PA
CBHW060546210326
41519CB00014B/3368